教師のための

マインドフルネス入門

ストレスをコントロールする力の鍛え方

今井真理

明治図書

はじめに

「マインドフルネス」（mindfulness）という言葉を聞いたことはありますか。

マインドフルネスとは、簡単に言うと、〝今、この瞬間に意識を集中する〟ことで、ストレスを軽減するプロセスのことです。とはいえ、一言で表現するのは難しく、後ほどマインドフルネスを実施することでどのような利点があるのかについて触れていきます。教育現場ではあまり聞き慣れない言葉とは思いますが、詳しくはまず序章をご覧ください。

Googleの社員研修に導入されたり、Appleの創設者の一人であった故スティーブ・ジョブズなどが、日々押し寄せてくるストレスと闘い、平常心でいるために、かなり早い時期から自身で主体的にマインドフルネスに取り組んでいたことは有名な話です。彼は日常生活において、日々のストレスの軽減や、心身の安定になくてはならないものだとして、毎日欠かさずに行っていたようです。

スティーブ・ジョブズの著名ぶりが、マインドフルネスをさらに有名にしていったかどうかはさだかではありませんが、これは欧米で働く人々にのみ必要なものなのでしょうか。そうではないと私は考えます。そして、働く人々は申し上げるまでもなく、ストレス軽減や心身の安定に効果を発揮するのであれば、大人のみではなく子どもにも有効なものとして取り入れていくべきではないでしょうか。

日本においては、まだまだマインドフルネスという言葉自体がなじみがないものかもしれません。ましてや、子どもに対しての有効性ということであれば、なおさらです。それは、大人である教師が体験したこともない、また、言葉も聞いたことがないような状態では、仕方のないことです。

しかし、欧米ではすでに子どもたちが学校の授業の中でまったく抵抗なくアクティビティとして実践しており、効果的であることも証明されています。マインドフルネスの持つ効果は一言では表現できませんが、大人と子どもが共に実践することも可能ですし、母と子といった保護者と子どもの組み合わせで行うことも可能です。マインドフルネスとはどのようなものなのか。その効果を教師自らが体験して、その本当のよさを理解できたら、子どもたちと一緒に実践してみたいと考える先生方もいらっしゃるのではないでしょうか。

教師という仕事は、やりがいのある仕事です。

幸せを感じて教職に就いている先生も多いと思いますが、日々の仕事に追われ、一日のうちでの時間のコントロールができなくなってしまい、ストレスが溜まり、次第に睡眠の質にも変化が見られるようになり、人間らしさが失われ、教師としての仕事を全うできなくなり、いつの間にか教育現場を去らざるを得ないことになってしまった……という方もいらっしゃいます。そのような方は、本当は教員としてのスキルが高く、子どもたちから信頼されている優秀な人材であることも少なくありません。このような先生方が現場を去っていくことは、教育現場にとって、大きな打撃であることはここで申し上げるまでもないでしょう。

昨今、子どもたちを取り巻く環境が目まぐるしく変化し、また教師も、未知のもの＝コロナウイルス（SARS-CoV-2）と共存しながらの生活を強いられています。子どもたちもストレスを多く抱えながら生活する中で、新たな授業展開や環境を整えることなども含め、教師も同様に大変なストレスを背負いながら、教員生活を送っているのではないでしょうか。

教師は子どもたちの前では指導者であり、子どもの大切な未来へ向かうための道しるべを探し、そして正しい方向へと進んでいけるように光をさしていかなければなりません。個々の子どもに合った道案内役を引き受けて、子どもの数だけ、その方向性を時には一緒に悩みながら探し、また時には教師としてのスキルで自信を持って未来への方向づけを試みなければなりません。大変なロマンがあり、非常にやりがいのある仕事であると同時に、気力、体力のみでは対応しきれない職業とも言えます。それゆえに、一人の人間として、どれだけの幅があるのか、その人間の深みや自身のスキルをつねに鍛えておく必要があるでしょう。

しかし、教師とて人間です。時には疲れ切ってしまうこともあります。また、どんなに優秀な素晴らしい先生であっても、解決に時間のかかる問題が突如降りかかってきたり、日常生活において悩ましい問題、そして想定外のハプニングが重なったりすると、心のバランスを崩しそうになったり、何もしたくないほどに疲れ果ててしまったりもします。物事をネガティブに考えるようになるなど、いつもとは異なる思考パターン、そして自分さえも気がつかないような行動パターンへと変化してしまうこともあるでしょう。

そのようなときにこそ、心身共に疲れ果ててしまう前に、マインドフルネスが役立つのです。

マインドフルネスはまだ本邦においては認知度が低いのが現状です。本書では、教育現場で教師が子どもたちと一緒に活動してもらえるアクティビティを盛り込むことにより、実際に活用することで効果を実感していただけたらと思っています。コロナ禍の終わりの見えないときだからこそ、ご多忙な教職関係者の方々の為になればと思っています。

今井　真理

目次

序章

マインドフルネスとはなにか

マインドフルネスとは：自分自身を見つめ直す

マインドフルネスは、ジョン・カバット・ジン（Jon Kabat-Zinn 1944-）によってプログラミングされたストレス軽減プログラムです。

ジョン・カバット・ジンは、マサチューセッツ大学でこのマインドフルネスを体系的にプログラムして、多くの人々のストレス軽減に役立てました。最初は大人を中心に実施されていましたが、現在では教育現場において子どもたちへも施行されています。環境の変化に伴い、落ち着きのない子どもや、ストレスが多く平静を保てない子どもが増えており、欧米においてはそれらの子どもたちの応対をどうしていったらよいものかと教師たちは日々頭を悩ませていたためです。日本においてはあまり聞き慣れないマインドフルネスという言葉ですが、世界においては常識となりつつあります。

大人を対象とした場合、その多くは職場において、専門家のもとで実施されることが通常ですが、Ａｐｐｌｅの創設者である、スティーブ・ジョブズが自分自身も含め、社員に対してマインドフルネスを実施していたのは有名な話です。（そして、Ｇｏｏｇｌｅや欧米における大手企業へと導入されていきました。）

マインドフルネスは、人々を不安から解放し、感情を和らげるものとして、瞑想からヒントを得て、ストレス軽減プログラムとして開発されました。マインドフルネスを通した瞑想により、脳内変化が起こされ、免疫機能の変化も見られると言及しています。

私たちの脳は、つねに一つ以上のことに注意が向けられていて、目の前の集中しなければならない物事にだけ意識を集中することがなかなかできません。すなわち、脳はマルチタスクを求められて一日中アクセクと働かされており、当たり前のように二つ以上の物事を一緒に考えざるを得ないのですが、実は脳はそのようなことが得意ではありません。つまり、脳に対して負荷をかけているのです。昨今のあわただしい世の中では、目前の問題にのみ集中することが許されない環境が当たり前のように存在しています。そのことが脳にストレスを与え続けていることは、容易に想像がつくでしょう。そのような環境が続くと、体と心の乖離が進んでしまい、心身のバランスが崩れていきます。しかし、それを自分自身で見極めることはなかなか難しいものです。自分の置かれた場と、自身の存在のバランスを正常に保つことは、誰もが望むはずです。マインドフルネスはそれら、私たちの周囲で起こっていることにばかりに目を向けるのではなく、目の前のことと自身の立ち位置、すなわち自分の置かれた状況に集中することを最も大切なこととして教えてくれているのです。

マインドフルネスの意義：今、この瞬間に集中するということ

マインドフルネスは、「今、この瞬間に自分が存在している」ことを認識することから始まります。自分自身が存在していることとは、つまり、自分が今この瞬間に集中することを指しています。

私たちはもちろん、今、この瞬間を生きていますし、存在しています。ところが、日々の生活でしなければならないことが多く、つねに頭の中には次々と処理していかなければならない仕事や日常生活における事柄が準備されており、それらをこなしていくのに躍起になっています。すなわち、私たち自身は、現在、今、ここに存在しながらも、意識下においては、過去か未来に存在しているようなものなのです。未来に何が起きるのかについて考え、不安や期待に対処するために、現在目の前で行っていることへの意識が希薄になってしまうのです。そうではなく、今、現在の目の前にあることに目を向けて、その場

（現在）に居続けることが大切であると考えるのが、マインドフルネスなのです。

ソーシャルメディアの発達により、多くの優れた技術の向上とともに、私たちはこれらの技術に自分自身の生活を合わせすぎてしまうことがあります。非常に多くの時間を、知らず知らずのうちに奪われてしまっているのではないでしょうか。子どもたちも、そして教師も夢中になってしまうきらいがありますが、このソーシャルメディアの発達も、今現在に集中できない要因を作り出していると考えられます。

過去や未来について考えることが悪いことであると申し上げているのではありません。現在とのバランスをしっかりキープするということです。そのために、マインドフルネスは大変有効です。

マインドフルネスの効果：記憶力・集中力の向上

マインドフルネスは、何か特別なモノやコトとして認識されがちですが、そうではありません。マインドフルネスのスタートは瞑想を行うことからなのですが、これは決して宗教的な儀式につながるものでも、個人の宗教観に介入するものでもなく、瞑想を媒介として自分自身が現在置かれた環境についてじっくりと向き合うことにすぎません。

人生は、仕事のみならずプライベートも含め、さまざまな事象が私たちの心の内を通り過ぎたり、正面から受け止めることが困難な事柄が発生したりします。それにより、平常心を保てなくなってしまうこともあるかもしれません。すなわち、前述したように、頭の中で常にマルチタスクの状態を強いられることになるわけですが、マインドフルネスを実施することで、それらを一度リセットする瞬間を作ることができます。

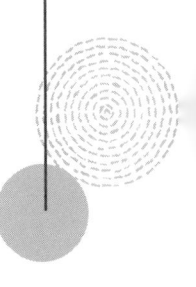

瞑想をどのように行うのかを練習する必要が最初はあるでしょうが、それにより教師がマインドフルネスについて理論的な内容のみならず、体でそれを実感することは最も大事なことだと考えます。

実践してみるとおわかりになりますが、私たち大人であっても、マインドフルネスの瞑想時に自分の周囲で何が起こっているのかに反応せず、瞑想にだけ集中することは大変難しいものです。ましてや、子どもに瞑想をさせるときに、「静かにしなさい。そしてリラックスして座りなさい」と伝えても、大人のようには理解できません。それは、教師が「静かにしなさい」という言葉を一日のうちに何度も使用するためです。(「あっ、いつもの先生のお決まりの言葉かな？　静かに座っておけばよいのか」とめんどうな顔をしながら教師の方を見つめている光景が目に浮かびます。)

子どもたちがマインドフルネスを実施する場合には、大人がマインドフルネスを実施するときよりも、その状態を一つ一つ注意しなければなりません。一見静かに座ることができていても、それがマインドフルネスを実施できる状態であるかをしっかりと把握する必要があります。静かに座っているように見えても、実は何人かは足でびんぼうゆすりをしているかもしれません。足の裏がしっかりと両方とも床に触れているのかどうか、どちらかの足がゆっくり動いていたり、体をゆすっていたりするような姿勢になっていないかどうか。そうしたことも、実施の際にはしっかり確認する必要があります。(具体的な姿勢や手順は第2章で詳述します。)

マインドフルネスの科学的な裏づけとして、マインドフルネスを実践することにより、記憶力が向上することがわかっています(1)。

また、マインドフルネスを日常生活に取り入れて実施する習慣のある人々は、日々の生活の中で集中力が高まり、その他の施行しない人々と比較すると、注意力が散漫になることが少ない傾向にあるようです(2)。

したがって、人一倍多くのことを一度に並行してこなしていかねばならない多忙な日々を送る教職に就く者にとって、マインドフルネスは大変有効であるといえます。もちろん、一日の時間には限りがあり、瞑想をする時間もなかなか確保できないのが現実かもしれませんが、たとえば一日10分間、または5分であっても、意識的に時間を確保するようにし「今、この一瞬に」自分の呼吸や神経をすべて集中させてみませんか。そうすることで脳の中枢神経へと直接刺激を送ることが可能となります。ストレスが多くのしかかる状況下においても、押しつぶされることなく平静を装い、自分自身をコントロールすることが可能となるといった研究も報告されています[3]。ここで述べられている内容はすべて研究論文としての報告のあるものであり、科学的な裏づけがあるものです。大がかりな道具や高価な機器が必要なわけでもありません。教師も自分自身で容易に実行できるマインドフルネスに着目してみてはいかがでしょうか。

（1） Mrazek, M.D., Smallwood, J., and Schooler, J. W., "Mindfulness and mind-wandering : Findig convergence through opposing constructs," Emotion, February 2012, 12(3) : 442-448.
（2） Thomas E. Gormana, and C. Shawn Green," Shortterm mindfulness intervention reduces the negative attentional effects associated with heavy media multitasking," Scientific Reports, 2016 Apr 18
（3） V'eronique A. Taylor, Jashua Grant, V'eronique Daneaul,Genevie've Scavone, Estelle Breton, Se'bastien Roffe-Vidal, Je'rome Courtemanche, Anais S. Lavarenne and Mario Bequregard," Impact of mindfulness on the neural responses to emotional pictures in experienced and beginner meditators," Neuro Image, Volume 57, Issue 4, 15 August 2011, pp.1524-1533

第1章

教師こそ取り入れたいマインドフルネス

024

教師は高ストレスな仕事である

教師としての職務を一生懸命こなしているうちに、寝食を忘れるほどに多忙になっていき、次第に不健康な状態へと進んでしまっていることすら気づかずに、頑張りすぎてしまっていませんか。

子どもたちは、教師を〝自分の大切な先生〟だという思いでとらえていることが多いでしょう。ゆえに教師は、その一人一人の思いにすべて全力で答えてしまい、息つく暇もないのが現実です。

もちろん、子ども一人一人の成長は喜びであり、彼らと一緒になって成長しているという側面もあるかとは思います。

しかしながら、つねに全力疾走ゆえに、自分の中に潜むストレスサインを見逃していませんか。何でもストレス、ストレスと騒ぐのは軽率だと考え、そのようなことを口に出さ

ストレスの感じ方は人それぞれ

ずに黙々と仕事をしてこそよい教師になれると頑張りすぎていませんでしょうか。

ストレスの度合も、感じ方も、千差万別です。ベテラン教師と新人教師では、そのストレスの度合もそうですが、その感じ方も異なるため、一概にどの程度頑張ったらストレス度がマックスになるのかは申し上げられません。しかし、教師という職業がつねに高ストレスになりやすい要因を持っていることは、しっかりと認識しておく必要があります。

教師という仕事は、ストレスが他の職種よりもより日常的に、より生活の中の一部として自然に浸透、侵食していると私は考えています。（ここで侵食という言葉を使用したのは、日常の生活との区別が曖昧で、自身の生活、すなわちプライベートな時間も教師の仕事や考えが頭の中に存在して、オンとオフの区別がないことを意味しています。）

異業種の人と話す機会があれば、その状況をお話しされると、いかに教師という職務が、仕事と日常生活との区別がなく、四六時中、学校と子どもたちのことばかりが頭にあるのかがおわかりになるかもしれません。子どもや学校のことを考えるのはたしかに教師の仕事ですが、就寝前や食事の最中もそのような話ばかりで悩ましい……と、実はパートナーや家族が感じているかもしれません。

実際に教師をパートナーに持つ方から、このような話を聞いたことがあります。

「うちは主人が教師なので、帰宅してからも家で学校の仕事をしているか、もしくは、生徒の話を聞かされているかで、一日一日が過ぎてしまうんです。まるで、私も夫のクラスの副担任にでもなったような気持ちで生活しています。」

このような状態は、客観的に見ると、仕事と日常生活とに区別がない、もしくはほとんど混同されていると言ってよいでしょう。またこの場合は、自分自身の家庭も犠牲にしてしまっているとも言えます。ところが、本人はこのような状態をストレスと全く感じていないこともあるようなのです。

しかし、このような状態を甘く見ていると、やがて大きく不健康な状態へと進んでしまうこともあります。不健康な状態へと進んでしまっても、気がつかないことさえあるのです。ストレスは私たちの感情や身体から、健康で幸せな生活を奪うことにも繋がりかねません。

自分の中に潜むストレスサインを認識することは、実はそれほど容易ではありません。これらのストレスサインは、症状としての多くは「燃え尽き症候群」に至る前に姿を現すのですが、自分自身では気づかないことが多いからです。「自分は教師」という強いアイデンティティからの自尊心であったり、虚栄心ともつかぬ、強い思いがあるからこそ、これらのストレスサインを見逃してしまうのです。

「先生と呼ばれる仕事の栄誉」は大変大きいものです。

それゆえに、自分自身に強くかかるストレスという負荷に無頓着になり、疲れ果てていることにさえも鈍感になってしまうことがあります。ストレスを気にかけない（もしくは気にかけられない）状態が作り出され、身体的にも精神的にも表出しているはずのストレスサインを、いとも簡単に見逃してしまうのです。ストレスが高じると、家族にそれらをほんの少し指摘されただけで相手を罵倒してしまうほどの状態になっていることも実は少なくありません。

教師という職業は、つねに脳内がマルチタスクの状態です。

一つのことにしっかり意識を集中することがなく、次へ次へとタスクをこなしているのが現状なのです。子どもたちからは常に沢山のことを要求され、その一つ一つは個々の子どもによって異なり、さらに子どもたちは教師の状況などは全く視野に入れません。自分のタイミングではなく子どものタイミングで次から次へと彼らの要求に答えていかねばならないため、頭の中、つまり脳は、つねにフル回転のマルチタスク状態となっています。

さらに、子どもの指導にのみ集中できるわけではないというのも、多忙さの要因です。同僚との人間関係を含めたコミュニケーション、保護者とのコミュニケーション、その他の地域との関わりなど、例を挙げると枚挙にいとまがありません。このようにして、教師は、絶え間ないタスクに追われた結果、徐々に枯渇していってしまうのです。

「燃え尽き症候群」という言葉はすでにご存じの方が多いと思いますが、この言葉が浸透した頃には、教職のみならず、さまざまな職種において、バーンアウトする人々が増えて、メディアでも繰り返し報じられました。燃え尽きる危険は誰もが同じように持っています。教師としてのスキルの高低と、燃え尽きるかどうかとは全く相関関係がありません。

『自分は教師としてのスキルが低いからバーンアウトしてしまった』と考えがちですが、決してそうではないのです。情熱的で誰からも信頼され、子どもたちからも大変人気のある教師が、ある日突然、学校に通勤できなくなるということは、実際にある話です。

自分の中に潜むストレスサインを認識するのは難しいですが、個々により、感じ方も、高ストレスになりやすい要因も少しずつ異なるため、自分自身で気をつけておくほかありません。

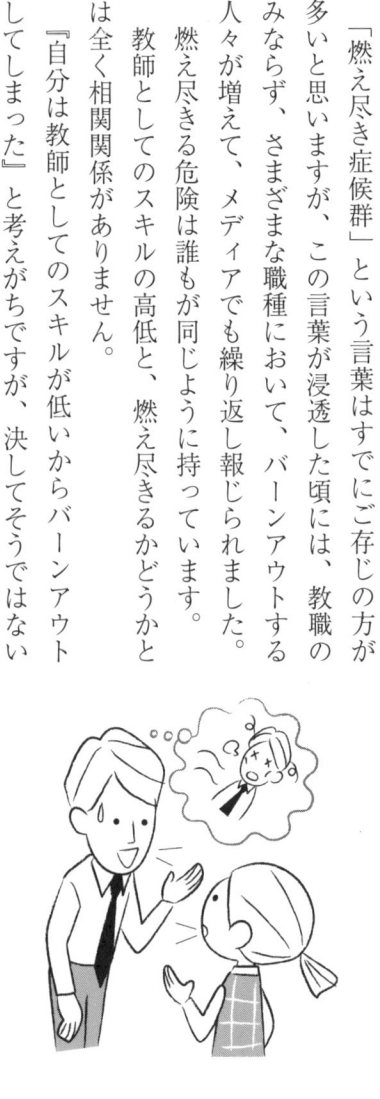

ストレスサインに事前に気づき、燃え尽きるまでには、ある一定の時間が存在します。それは、ストレスというものは一種類ではなく、そこにはさまざまな要因が複雑にからみ合うからです。バーンアウトへと進んでいくまでに、何とか自身で対処できることが望ましいでしょう。

これは、教師に限らずどのような職種でもいえることですが、高ストレスにさらされることの多い教師という仕事にこそ、対処のための手立てを持つことは重要です。

その一つの方法が、本書で紹介するマインドフルネスなのです。

自分の感情を大切にする

自分の感情に気づいたり、考えたりすることを、大事にしましょう。

子どもたちと接する中で、教師はさまざまな表情を見せています。また、子どもたちの世界の中で繰り広げられる個々の問題に対して、臨機応変にその姿を変え、対応していきます。教師は子どもたちの前では役者にならなければならないと考え、実行している教師も多いと思います。

しかし、教師も人間なのですから、自分の感情があります。時には役者になって子どもたちの前に現れる自分と、本来の自分の感情が乖離することもあるでしょう。その差が大きければ大きいほど、本来であれば感情面において消耗しているのですが、常に強靭な鎧をつけて教壇に立つうちに、いつしかそのような状態を強いられて自分自身の感情を忘れてしまうということがあります。すなわち、慢性的なストレスがかかることによって、自分の心がその状態に慣れてしまい、もはや常にそれらを抱えている状態が作り出されているのです。自分自身の感情を押し殺した状態を強いられるのは決してよい状態ではありません。

マインドフルネスでは、「感情」または、感情的な自身の経験について、心の中の感情が私たちに語ってくれることはできない、と定義されています。

つまり、感情は肉体の筋肉でいう、不随意筋のようなものだということです。

私たちの肉体の中の不随意筋は、自分の意志によって動かすことができません。そしてその筋肉は主に自律神経の支配を受けています。感情も同様に、私たちの身体の感覚や行動に反映されているのです。それは小さなサインであったり大きなサインであったり、その時々で異なりますが、反射的に表現されます。高ストレスとなっている場合、これらの

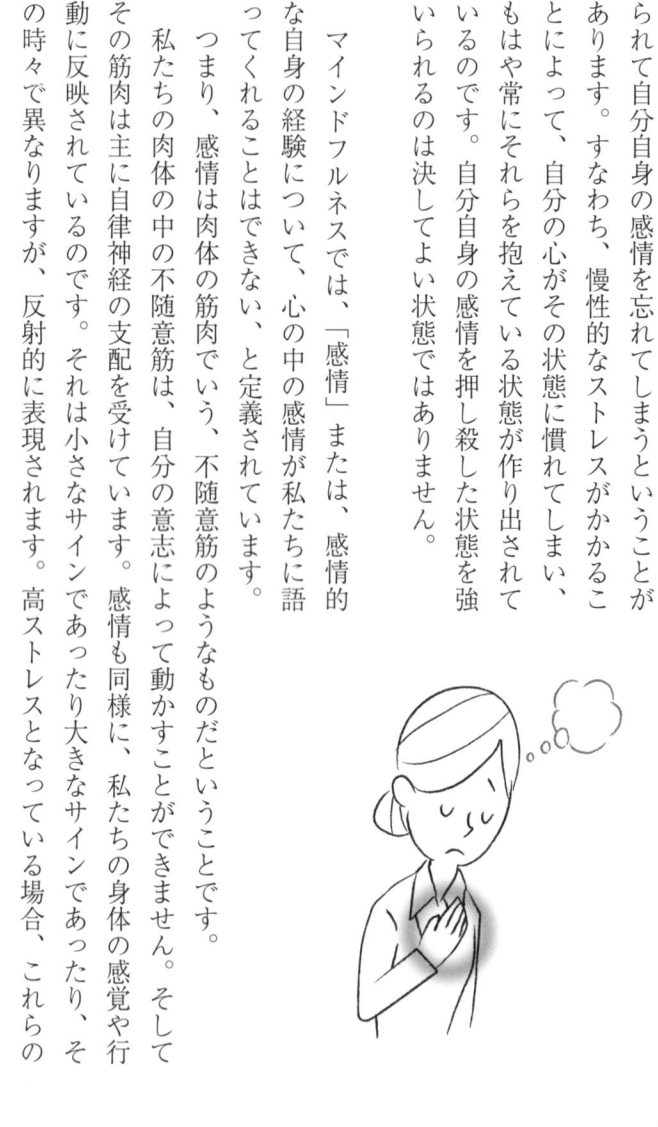

状態に気づかないことも多く、気づかないことで慢性的な状態が継続され、不安な状態が継続されてしまっていることになります。

自分自身の感情に気づき、苦しいときは感情を落ち着かせたり、和らげたりする時間やタイミングを、意図的に持つようにしましょう。

マインドフルネスでは、横になって体の中が今どのような状態なのか、心身ともに〝スキャン〟していくことで、呼吸に全意識を集中して深い瞑想をすることを強く推奨しています。

とはいえ、自分自身の感情をコントロールすることは時に難しく、そのうえつねに自分の感情を理解しているわけではありません。また、自分自身の感情を深く知ったがゆえに混乱を引き起こす可能性も場合によってはあるため、慎重に行う必要もあります。（子どもたちが、大人が認めることができないような行動や遊びの世界へと逃避している場合も少なくないのは、自分自身の感情から逃げるためということもあります。）

したがって、もしも、カウンセラーなどの精神的な仕事に従事する専門家の助けが必要な場合は、その判断や指示をあおいでよいのだということです。自分自身の感情を大切にすることは感性豊かな生活へとつながり、さらに教師としてのスキル向上に役立ちます。

マインドフルネスでは、セッションと呼ばれる集まりを通して、自分自身の中のネガティブな心や痛みを伴う感情についても気づき、セッション参加者のメンバーみんなで共有することがあります。他者の話を聞いていくうちに、参加者が涙を流すような場面が生まれることもあります。しかし、不安が強かったり、高ストレスの状態の教師は、それらのセッションの中で自分の気持ちを表現するのを不快に感じる傾向にあるようです。セッションは、その本人を受け入れる場であり、決して過去の失敗談や恥ずかしい経験を他人の前にさらけ出す場ではありません。

教師という仕事に従事する人々は、他人から「先生」と呼ばれて尊敬されている仕事だからでしょうか、自分自身の失敗や過ち、悩みを他人の前で話すと笑われるのではないか、バカにされるのではないかと考えることがあるようです。勝手な憶測で、せっかくの機会を台無しにしてしまうどころか、その場に存在することが居心地の悪い状態を自分自身で作り出してしまっていることも多いのです。

マインドフルネスのセッションに参加する人たちは、どんな話であっても受容しようというスタンスのもとに集まっているのですから、そのような心配は全く不要なのです。自身の素直な感情にのみ向き合うことがとても大切になってきます。

自分だけの静粛な時間を持つ

以前、たいへん忙しいベテランの教師に、

「自分だけの静粛な時間はありますか」

とお聞きしたことがあります。

「いつも多忙で、私にはそのような時間は全くありません。家に帰れば家族があり、子どもが待っていますし、学校の仕事は毎日フル回転ですから」

と、笑顔を浮かべながら話をしてくださいました。この教師は本当に多忙でしたが、エネルギッシュで他者に対してポジティブな印象を与える明るい性格の方でした。おそらくストレスを上手にコントロールしておられるのだろうと想像しましたが、コロナウイルス(SARS-CoV-2)が流行し、その対策も含めますます学校現場が多忙化するいま、教師こそ静粛な時間を確保すべきと考えます。

すなわち、効率のよい仕事をするために、安らぎの時間を見つける必要があるということとです。

マインドフルネスでは、一日のうちで、自分のための自分だけの静粛な時間を作ることの重要性を唱えています。

静粛な時間とは、外界からの音のしない世界、もしくは他者が存在しない世界といった究極のことを指すわけではありません。

心身の安定ややすらぎを感じられる、休息の時間でさえあればいいのです。

休みなく仕事をしていると、事の本質を忘れてしまったり、目の前に現れる仕事を次々に片づける、まるでロボットのような感情の希薄な教師へといつの間にか変わってしまっていても、本人は気づかないといったこともありえるでしょう。

自分だけの静粛な時間を確保することで、いつの間にか忘れ去ってしまっていた大切なものを思い出したり、再度大切だったことに光を当てるタイミングを見つけ出したりということが可能となるかもしれません。

あまりに毎日が多忙だと、仕事の優先順位をつける間もなく、次から次へと仕事をこなすことで精一杯の一日になってしまいます。あるベテランの教師は、「朝はとにかく、車の運転のみ気をつけて、帰りも同様で、時々信号が赤のときにウトウトとしてしまうこともあり……」とおっしゃっていました。このような状態では、心身の危険に直面しているようにも感じられます。

このような状態であるとしたら、いつもの変わらぬ日常として片づけてしまうのではなく、一度見直す必要があります。静粛な時間を持つことで、自分のまわりのさまざまな事象の秩序づけが可能となるからです。

静かで静粛な時間を持つと、自分自身の身体感覚に敏感になり、心身の健康や自分の大切な時間について、深く考えることが可能となります。

普段考える思考方向とは異なる角度から見ることができるようになり、観察力も鋭くなるため、仕事においても子どもの表情や言動を深く読み取り、彼らの要求に的確に答えることが可能になるので、効率もよくなります。

問題は、どのようにして自分のための静粛な時間を見つけるか、ということです。時間との闘いで一日が終わっていく中で、自分のための時間が大切であることは理解できても、どのように作り出すのかが悩ましいと考えられる方が多いのではないでしょうか。

まずは、スマートフォンの通話やメール、そしてソーシャルメディアに関わる時間の短縮を試みてください。

多くの方々が、これらと戯れる時間がだんだんと長くなってきているのは認識されていると思います。自分自身とは全く関係のない事柄についてもただの好奇心で調べてしまったり、メディアに登場する人々のゴシップ的な内容まで検索をしたりしていると、一日のうちでかなりの時間を費やしていることになります。これらの事柄は、自分の人生の大きな学びに繋がるということでもありません。非常に便利な世の中となった反面、これらが多忙な教師の貴重な時間を奪ってしまっているといってもよいでしょう。

静粛な時間は、自分自身で生み出すしかなく、誰かが与えてくれるものではありません。一日24時間は誰もが同じように与えられているということ、今一度そのことをしっかりと自覚し、タイムマネジメントを見直してみてください。一日のうちに自分のための静粛な時間を見つけ出すことが可能となれば、仕事とプライベートの両面において、現在とは異なった、さらにもっと素晴らしい、よい変化をもたらすことになるのではないでしょうか。

あなたのための静粛な時間を作るために、無駄だと思える現在の時間の費やし方について、少し書き留めてみましょう。ここではスペースが少ないため、手元にあるノートや手帳に書き留める方法もよいと思います。書き出すことで全体像がつかめますので改善への糸口が見つかるでしょう。

無駄な時間の使い方を書き出してみよう

月曜日

火曜日

水曜日

木曜日

金曜日

土曜日

日曜日

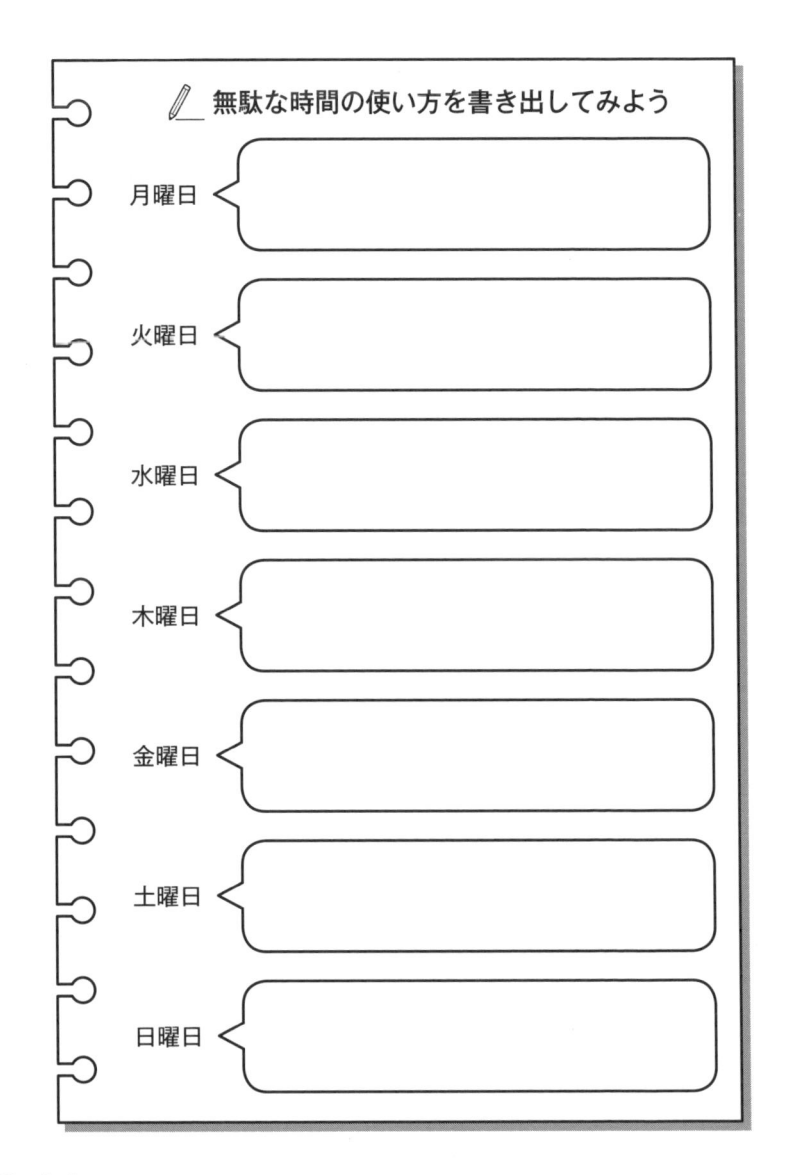

つねに頭の中をニュートラルに保つ

教師は、一日のうちに実にたくさんの人々と会話をして、物事を的確に判断しながら他者に伝えていかなければなりません。つねに頭の中をニュートラルに保つことは、教師の心の安定を維持するうえでも大切なことです。

教師の心を掻き乱す要因はさまざまです。例えば、教師がクラスで授業を行っている際、静かな環境を望んでいるにもかかわらず、クラスがザワザワとし始めて、落ち着かない雰囲気の中で授業をするといった状態が生まれたとしましょう。これは、ほんの些細なことかもしれませんが、教師にとって心地よくない状態、ニュートラルでない状態に身を置いている状況といえます。

どのような場合でも、教師はしっかりと冷静さを保ちながら、ニュートラルな状態で仕事ができるよう心がけましょう。相手は生きた人間ですので、子どもたちや教師を取り巻く環境においては、さまざまなことが沸き起こってくるのは仕方がないことです。思いもよらない教師の感情を逆撫でするような出来事や問題が発生することも、近年は一層多くなっています。つねに頭の中をクリアに保つことは、簡単なことではありません。頭の中をニュートラルに保つことがいかに難しいか、どう対応すべきなのかを今一度、考えてみましょう。

頭の中をニュートラルに保つのに，どのようなことを心がけましたか。（例①何のどのようなことが，教師（あなた）の心を混乱させて，②それはどのように解決されましたか。記入してみましょう。）

①

②

学校へのマインドフルネスの導入

教師が仕事をするうえで、ストレス耐性を自分自身でコントロールできるならば、たいへん効率のよい仕事環境が生まれるでしょう。

Ｒｕｔｈ（２０１８）[1]らが実施した、職場のマインドフルネスの介入によってストレスはどのように軽減されるのかという実験があります。職場でストレスの多い労働者（高等教育機関の従事者21人）に対して、職場に適応した形でマインドフルネスの介入実験を8週間実施しました。介入後の参加者の経験と参加後の彼らのライフワークに与えた影響について、インタビューを行っています。

この研究は英国におけるものですが、日本でも同様に教育機関の従事者は心理的に高ストレスである可能性が高く、参考になるでしょう。

参加者は、最初はマインドフルネスについて「深く理解をしたい」「個人的な好奇心」「ストレスからの休息と自身の修復の必要性」等々、マインドフルネスセッションに参加する動機は個々に異なるようでした。ところが、セッションに参加するうちに、自分自身の経験を思い出し、その詳細について語り始めたのです。誰もがストレスを経験しているからこそ、セッションの中で他者の語るストーリーに耳を傾けながら納得や共感できる話があり、それらを多く聞くにつれ、自分自身の中にまた新しい発見が見つかり、安心感が広がっていったと参加者は語っています。

また、「自分が経験したことは特別なことではなく、そしてまた珍しいことでもなかったと認識できたため、その後は他の人々とのつながりを深く感じていった」といった意見もありました。別の参加者は「マインドフルネスセッションに参加する前はとても孤立していたので、参加することがよい経験になった」と語っています。「とても安心して心地よい場所であった」、「マインドフルネスは他者とのつながりを促進し、参加者自身について、しっかり話をするので、思いやりや共感を持ち、話を聞きながらとても心地よい気分に包まれた」とポジティブな意見が報告されていました。

そして、８週間にわたるセッションが終了する頃には、「マインドフルネスは、いったい何なのかと聞かれると、それについての説明は十分にできないが、現在抱えている問題を別の方法で受け入れようとする準備ができている」といった、介入後と介入前では明らかに異なるコメントや参加者の様子がわかっています。

この研究結果からは、マインドフルネスを通して参加者がストレスを軽減して新しい自分や自分の中の新しい思考を見つけ出し、ストレス応答に対して何らかの回答を導き出したことにより、自信を持つことができたことがわかります。

したがって、教師もマインドフルネスを導入することで、日常生活におけるストレスフルな仕事への適応能力を上げ、ひいてはストレス耐性を鍛えることにつながります。マインドフルネスをすることで、より肯定的な感情が強く芽生え、心の感情の自己コントロール能力が高くなると考えます。

子どもがトラブルを起こした際の保護者対応や、暴力事件を起こしたときなど、特にストレスのかかる状況に直面した際には、とりわけマインドフルネスは有効に働きます。

トラブルの多い学校現場にこそ、マインドフルネスは日常的に取り入れていくべきものなのです。

(1) Siobhan Hugh-Jones, Sally Rose, GinaZ. Koutsopoulou and Ruth Simms-Ellis How Is stress Reduced by 9 Workplace Mindfulness Intervention? AQualitative Study Conceptualising Experiences of Change Mindfulness 2018; 9 (2) : 474-487

子どもにとってのマインドフルネスとは

子どもの感情に目を向けると……

昨今の子どもたちは、表情も平板化が進み、また他者への気配りや気づきも少なくなってきていると感じます。それにより、以前には見られなかったような、大人には想像もつかないような子ども同士の感情のもつれ合いや、信じられないような興奮状態により、クラスの友人の心を深く傷つけるようなアクシデントも増えています。

思春期の子どもたちは、自分の感情がどこからやってくるのか、自分自身では理解できないばかりか、本人も困惑していることも多く、「こんなはずじゃなかった」「どうしてこのような感情になってしまっているのだろうか」と、バランスをとることができずにストレスを溜めているのです。本人自身も落ち着きを取り戻したいけれども、それが可能ではない状態に陥ってしまっているというのが現状なのです。それが高じると、拒食症になってしまったり、過食症になってしまったり、その他多くの問題症状が出てきてしまいます。また、スマホなどへの依存症や、ストレス発散のための好ましくない関わりなどを持つようになってしまうでしょう。

子どもたちにマインドフルネスの存在を知らせて、それらを実践できる方法を伝えることは、子どもたちの感情を健康に保ち、そして心のバランスのとれたよい状態で成長していくことへと導くことが可能になります。

子どもは大人とは異なり、ささいなことからすぐに感情が不安定になってしまいます。子どもたちの心の安全を提供し、より活発で自発性のある子に育つように導くことができるのが教師です。

子どもたちが自分の中に沸き起こってくる負の感情、いわゆるネガティブな感情を幼い頃から自分自身でコントロールするテクニックを身につけさせたいものです。子どもたちが自分の感情についてよく理解し、その感情がどこからやってくるのかを理解させることはたいへん意義のあることです。また、マインドフルネスを通して、大人が子どもの抱える問題に多角的に少しずつ接していくことも可能です。

子どもの脳によい影響を与える

マインドフルネスと聞くと、瞑想したり仏教的なアクティビティだったりというイメージが強いようです。また、学習以外のオプションとしてマインドフルネスを子どもたちに教える必要があるのかという声も聞かれるでしょう。欧米では、このような初期的な疑問はすでに解決されていますが、日本ではまだ身近なものとして定着されていないばかりか、稀有なものとしての認識が高く、マインドフルネス＝宗教とのつながりといったイメージすらあるようです。

子どもたちにとってなぜマインドフルネスが必要なのでしょうか。

それは、子どもの脳の発達によい影響を与え、人生の早い段階でマインドフルネスを練習し、それらを習慣化させることで心身の発達をスムーズにし、前頭前野に働きかけることが可能となるからです。前頭前野は人間にとって大切な思考、つまり状況に合わせて判断したり、記憶したり、アイデアを生み出したりすることができる大切な脳の部位です。また、感情をコントロールするのもこの前頭前野という脳の部位で行われており、人が人として生きていくために大切な脳のパーツなのです。子どもは、まだ脳全体が未発達のため、この部位への影響が見られるといわれているマインドフルネスを実践することは、よい影響を与えると考えます。キレる子どもやゲーム脳、スマホ脳も、この前頭前野との関係が言及されており、そういった面からもマインドフルネスは有用といえるでしょう。

子どもにマインドフルネスを教えるときは、段階を経ながら少しずつ教師と一緒に実践していくのがよいでしょう。最初は少し骨の折れる作業かもしれませんが、根気強く伝えていくことです。（ただし、どうしても子どもたちが興味を示さない場合は、教師は無理にマインドフルネスを実践させないという判断も必要です。ほかのあらゆる教育活動と同様に、すべての子どもに同じ効果を期待する必要はありません。）

教室へのマインドフルネスの導入

　大人にとってマインドフルネスが有効であることは様々な研究から明らかになっており、世界においてもＧｏｏｇｌｅなどの大手企業で社会教育の研修として導入され、その後、名立たる企業へと導入されるようになり、さらにその有用性について世間が注目するようになっていきました。

　それと同様に、子どもにとってのマインドフルネスは、彼らが直面する多くの悩ましき行動上の課題に向けて何らかの光を当てると認識されています。大人と同様に、子どもにとってのマインドフルネスはたいへん有効であり、子どもが抱えるストレスを軽減し、集中力の向上に寄与するとされています。

　子どもはかなり早い段階からストレスと直面しており、それが子どもの健康に影響を与えると物理的そして精神的な健康問題や学習における障害へと発展することが、フロリダ大学の研究にて報告されています。

フロリダ大学のメリッサブライトら[1]は、全米小児健康調査に参加した約九万六千人の子どもの調査から、子どもの健康とストレスについて研究しています。両親の関係性、家庭内暴力やコミュニティにおける隣人の暴力を身近に感じる環境に置かれているか否か、貧困、薬物乱用をしている親、刑務所にいる親など、さまざまなストレスの多い環境に置かれている子どもたちは、これらのストレス経験のない子どもよりも心身的な健康問題や学習上の問題を抱えるケースが6倍も多いことが報告されました。メリッサらの研究によれば、子どもたちは先に提示したストレスの高い要素を三つ以上経験すると、精神的・肉体的、または学習障害に苦しむようになるそうです。

日本における子どもたちとは文化的背景が異なるものの、子どもたちの心身の健全な発達にはストレスを軽減させる必要があることが理解できることでしょう。

ですから、ストレスを和らげるマインドフルネスは子どもにとっても有効なのです。

次ページからは、具体的なケースに基づくマインドフルネスを用いた対処方法についてご紹介します。

(1) UNIVERSITY of Florida news release, March12 , 2014 news. ufl. edu/archive/2014/03/stressful-+experiences-have-big-immediate-on-childrens-health-4.html

CASE 1　暴力的な子どもへの対処におけるマインドフルネス

未就学児が自身の感情を伝えるために強く表現したり、楽しさの表出のために音を立てたり、物を投げたり、何かを強く噛んだりすることは、よくあることです。

これらは周囲の大人に対して、自分の怒りや要求を強く知らせるために行う動作の一つです。そのような行動をとることにより、自身の要求をノンバーバルで周囲の大人に伝えようとしています。

また、これらの攻撃性は、お腹がすいたときや自分の心が落ち着かないときにも表れます。強いアクションを行動として起こすことにより、親や周囲の大人にこれらの不快な気持ちを伝えようとしています。それゆえに、未就学児は、自分の中のすべてのエネルギーを全放出するため、けたたましい泣き声によって周囲の大人をも落ち着かない空気に誘い込みます。

これらの状況は、子どもの発達段階を得て、徐々に減少して成長していきます。

これが、就学児になるとどうでしょうか。

就学児の教室内での攻撃性や友達への暴力などの危険行為は、必ずしも教師の目の前で起きるとは限りません。むしろ、大人が周囲に存在しないときに突発的に起きるため、クラス内の子どもたちの間での事件として大きな刺激を与えてしまいます。時には自分のクラス内だけで収まらず、全学年へと伝わり、学内の大きな事件として発展しかねません。したがって、これらが発生したときは、すみやかにことの終結を目指すよう、教師は全力をつくす必要があります。

攻撃的な子どもへの対応は、教師が一人で抱え込むのではなく、様々なベテラン教師の意見を取り入れながら解決策を考えるべきです。ここでは、暴力的な子どもとしていますが、これは言語的、身体的な暴力両面についてであり、必ずしも身体的な暴力のみにフォーカスしているわけではありません。女子の間の暴力は身体的よりも言語的なものが多く、これらの対処方法については、教師がしっかりとした策を取らない限り、いつまでも続きます。したがって、慢性的なストレスとなってしまうこともあります。

少しばかり本論から逸れますが、二人の男の子のストーリーを紹介いたします。

A君とB君は、同じ小中学校で過ごしました。A君はずっと、B君に言語的暴力を行っていましたが、B君が忍耐強い子どもだったため、A君と別の言語的暴力に耐えながら、小中学校の生活を送っていました。やがて卒業し、A君と別の高等学校へ入学したB君は、さわやかな気持ちで高校生活を送りましたが、大学生となった際に再度、A君と同じ大学へ入学することになりました。久しぶりに再会したA君は、B君に対して以前と同じように言語的暴力を行ったところ、B君はカッとなり、身体的暴力を振るってA君を傷つけてしまいました。このように、年月が経過しても心の奥深い部分に記憶として残ってしまうのです。

言語的にしろ身体的にしろ、暴力的な要素にはしっかりとした指導で教師は対応すべきです。子ども同士が対立し、そこへクラスの仲間が介入して大きな渦となって敵対するような場合、本来は二人の問題であったはずのものが、周りの人々を巻き込んで大きな騒動へと発展していくケースも少なくありません。このような状況となってしまった場合、動的なアクティビティではなく静的なものを選び、クラスの子どもたちの心をおだやかにさせる必要があります。対立している二人のみならず、クラス全体が敏感になっているため、教師も慎重に話をする必要があります。朝の時間のお小言や、しつこい表現を使った話し方、大声で怒鳴ったりすることはやめましょう。

また、子どもたちは、日々の教師の様子をよく観察しています。ノンバーバルなコミュニケーションも時には駆使しながら、学級経営をしていく必要があります。

あわせて教師は、このような状況が自分のクラスにある場合は、クラスの中を一定の間隔で見守る必要があるでしょう。クラスに言語的であれ身体的であれ、暴力的な子どもが存在する場合は、クラスの環境がいつもとは変わってしまいます。絶え間ない監督が絶対に必要といっても過言ではないでしょう。

さらに、教師はこの一連の流れについて、記録をしっかりと残しておく必要もあります。問題が複雑化した場合も含め、事実を整理するためにも、それらがどのようにしていつ発生した出来事なのか、その場にいた子どもの数や言動、なぜこのような事件へと発展してしまったのか、これらの事件の前段階のきざしはどのようなことだったのか、誰のどのような言動がもととなり、この事件に発展してしまったのか、初期段階で教師が取ったアクションがどのように生かされているのか、または教師の介入が子どもたちにどのような効果をもたらしたのか、教師の行動を受けて子どもたちはどのような言動をとったのか、もしくは全く無意味だったのか、と、順番を経て、記録を取りましょう。

後から思い出すことが困難な場合も少なからず出てくるため、しっかりと記録に残すことはたいへん重要な作業となります。的確な判断が必要になってきますので、教師自身がマインドフルネスの呼吸を思い出し、実践をしながらことに対処する必要があるでしょう。

CASE 2 問題行動を起こす子どもの保護者への対処におけるマインドフルネス

子どもの問題行動は、学校内のみで起こるわけではなく、家庭や地域、どこでも起こります。もし学校で起きた場合は保護者に連絡をとり、あなたの子どもが学校でトラブルを起こしているということを伝えなければなりません。

このような連絡をする際には、保護者が、この話をどのように理解するのかということを意識しながら、慎重に話を進めなければなりません。事実を的確に伝えたつもりでも、受け取る側の保護者は「自分の子どもにレッテルを貼られた」「自分の子どもに落ち度はないはずだ」「教師やクラスの子どもたちが一方的に自分の子どもを悪者にしている」等々、保護者サイドの見方でもってそのストーリーを理解するため、話がさらに複雑化することも視野に入れなければならないからです。

保護者に話を伝える際には、担任教師一人ではなく、副担任や、ことが深刻な場合は可能な限り管理職クラスの教員に同席してもらうなど、保護者と二人での面談は避けましょう。そのうえで、子どもの不適切な行動があることや、他の子どもたちとの関わりに問題があることなど、保護者にはその真実をしっかりと伝える必要性があります。

また、問題行動を起こす子どもには、その子どもの持つ独特のルールが存在するように（多くの場合、教師やそのクラスの子どもたちには理解されないことがあるルールです）、その子どもの保護者にも、保護者特有の考え方やルールが存在するものです。問題行動を起こす子どもの保護者に対しては、大人なのだから内容を理解してくれるだろうと思い込まないようにしたほうがよいでしょう。さらに、学校で問題行動を起こしたという教師や学校側の勝手なルールのもとに面談と呼び出しを要求されたことに、不満を覚えている場合も少なくありません。

マインドフルネスは、このようなストレスのかかる場面でこそ即実践するようにと言及しています。このようなときこそ呼吸法に目を向けることが可能ではないでしょうか。自分の呼吸がどのようになっているのかをしっかりと観察して実施してみてください。

第2章

マインドフルネスをやってみよう

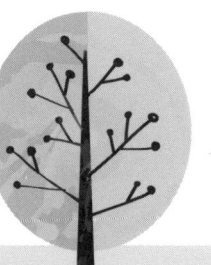

STEP1 瞑想

マインドフルネスは、生活の中に自然な形で取り入れられることが望ましいとされています。多忙な教師の一日だからこそ、ほんの少しの時間で行えることは何よりも大切です。多忙な先生方にとって、仕事中に全く他のことを考える余裕などない中で、自分の体がどのような状態であるかなど思いをはせる余地もないかもしれません。しかし、そのようなときにこそ、マインドフルネスを活用してほしいのです。

学校内は、学校独自のルール、そして子どもたちと教師間のきまりごと、その他多くのルールや計画に縛られながら、コミュニティが成立しています。（昨今では、それらの縛りが増え、学内のみならず、社会においても生きづらい世の中になってきたと口にする人々も増えてきました。）それゆえに、マインドフルネスで静かな時間を確保して心身を整えることが大切なのです。それは、教師だけでなく、子どもも同様です。

マインドフルネスでは、静かな時間を呼び寄せるために、瞑想をします。（マインドフルネスにおける瞑想とは、個人の哲学や宗教、そしてライフスタイルの変更を求めているものではありません。）瞑想はとても簡単でシンプルに行うことが可能なため、取り入れやすいでしょう。

学校生活においては、可能な限り、どこかのタイミングで「沈黙する時間」（＝瞑想）を見つけることを意識してください。つねに子どもや同僚がそばにいるため、そのような時間を見つけるのは最初は大変と感じるでしょうが、沈黙の時間を見つける練習をしましょう。例えば一人になれる時間として、お手洗いにいくことは可能ですので、その時間を沈黙する時間と決めるなどです。沈黙の時間を作ることが深いリラックスを得る時間へとつながります。

このときはできるだけ体の力を抜き、目を閉じて外界からの情報を止めていきます。

なお、これは、子どもにとってももちろん有効です。子どもたちが、静かな時間を確保することにより、学習活動は活発になり、問題行動を軽減させることができます。これは、教師のストレスを軽減することにもつながります。

小さな子どもたちが学校の教室で瞑想する様子は、日本ではまだイメージしにくいかもしれませんが、欧米の学校では子どもたちにルーティンワークとして毎日15分程度の瞑想を2回行うように指示しています。導入することで子どもたちのスムーズな学習活動を促すと同時に、教師の離職率や燃えつきによるストレス、不安などの心理的苦痛を減少し、改善することを目標としています。子どもたちに「今、この瞬間」にしっかりと目を向けさせることで、集中力や記憶力の向上が可能になります。一般的には、子どもにとって瞑想は身近なものとは考えにくいため、マインドフルネスの核となるこの「瞑想」と、次項で説明する「呼吸」をいかに親しみやすく伝えることができるのか、が肝になります。仮に、「瞑想しましょう」と最初に子どもたちに伝えても、大きなざわつきや動揺が生まれ、子どもたちは硬直してしまうかもしれません。新しいことに挑戦させるときは、なるべく親しみやすい体験から入るように子どもたちの注意をひきつけてください。（具体的な出会わせ方やアクティビティについては、第3章で詳しくご説明します。）

瞑想の時間の確保は、子どもの場合は大人と異なり、最初から長時間実践するのは難しいため、3分程度から始めてみてはいかがでしょうか。そして、集中力を保つことができたら次は5分程度と、徐々に時間を長くしていくことを勧めます。一番大切なことは子どもたちをしっかりと集中させることです。子どもたちがしっかりとリラックスする時間を、マインドフルネスを通して確保することに集中してください。

マインドフルネスの瞑想には、座って行う瞑想と立って行う瞑想、そして横になって行う瞑想があります。学校でする場合は、座って行うのがよいでしょう。子どもたちに目を閉じるように促しても最初は目をパチパチと開けたり閉じたり、薄目を開けたりするかもしれませんが、そのようなことを繰り返す子どもに対し

ては、叱るのではなく、無言で彼らを見守りながら自分自身に集中するように個々の子どもを導くことが先決です。一人がふざけだすとそれが他に伝わり、集中している雰囲気がいっきに壊れてしまうからです。そわそわしている子どもも、慣れてくればそのうちに自分に集中するようになります。

欧米における研究では、ＡＤＨＤの子どもへも効果があるといった報告がなされています。そのような報告があることは、マインドフルネスが脳に与える影響の大きさを物語っています。

STEP2　呼吸法

続いて、呼吸について考えていきたいと思います。

一度、自分の呼吸に注目してください。大変な仕事をこなさなければならないときや、多忙な状態のとき、自分自身の呼吸がどのような状態なのか、考えてみてください。ゆっくりですか？　それとも、早いでしょうか。

マインドフルネスをはじめるにあたっては、呼吸が大切であることを意識する必要があります。どのような呼吸がなされているのか？　浅いリズムで一定ではないのか？　リズムを感じないくらいに早い呼吸であるのか？　もしくは呼吸しているのかしていないのかわからないくらいの状態にあるのか？　自分自身の呼吸に注目してみましょう。おすすめなのは、目を閉じてみることです。目を閉じて深く呼吸をするだけでも、神経の安らぎを感じ、疲れをリセットすることが可能となるからです。

マインドフルネスでは、沈黙の時間＝瞑想と、呼吸の2つが、とても大切です。

それでは、今からしばらく、自分の呼吸、「吸う」「吐く」といったことだけに集中してみましょう。立って行っても座って行ってもかまいません。自分が心地よい方法を選んでみてください。ここで大切なことは、自分の呼吸のみに集中することです。目を閉じたり、半眼にしたりするのがよいでしょう。なるべく外部からの刺激を少なくして、初めての場合は特に集中できる環境を整えてみましょう。

胸の上下運動を意識しながら、鼻孔から大きく深い呼吸をするようにします。呼吸に集中するあまり、身体に力が入ってしまう可能性もありますので、リラックスして呼吸をしてみましょう。力が入り始めたら常にリラックスするよう自分自身に働きかけます。呼吸を意識するあまり、ぎこちなくなったり、熱くなって息苦しくなったりしないよう、自然に意識できるまで、

ある一定の呼吸を続けていきます。

ある程度同じ感覚で呼吸ができるようになったら、自分自身の体の感覚、立っている場合は床（座っている場合はイス）と、自分との間隔や感触を感じ取るようにします。

しばらくすると、何だか妙な感覚を感じ始めるかもしれません。そして、呼吸に意識を集中していたはずなのに、頭の中がフワフワとし、次から次へとさまざまな思いが去来してしまうかもしれません。いろいろな思いが外からやってきても、そのことに対して責めたり、自分はこんなこともできないのかと落ち込んだりしないようにしてください。いろいろな思いに対して評価したり批判したりしないようにしながら、すぐに呼吸に意識を戻すことができれば、マインドフルネスの呼吸の第一歩へと向かっています。とにかく、自分自身で評価を下さないようにしながら、ただ、ただ呼吸に集中します。呼吸に集中する過程で力みすぎたり、過度に自分の息にフォーカスしてしまったり、力が入りすぎてしまうことも経験するかもしれませんが、自然に任せることが重要です。鼻から入った息が、胸や腹部まで自然に通っていることを感じ取って、呼吸の一つ一つを吟味するかのように、丁寧に自分の感覚を信じて体と対話するようにしてみましょう。

普段の生活の中では、ここまで呼吸に意識を向けることはあまりないかもしれません。一つ一つの呼吸の中の「吸う」「吐く」がどのように行われているのか、しっかりと吟味するような呼吸の仕方をしてみてください。

このような呼吸を始めると、体の感覚がどんどんと敏感になります。また、思いもよらぬ考えが頭の中に浮かんでは消えるということを経験するかもしれません。そのような状態が現れた場合は、なるべく傍観者のような立場で自分自身を観察するように、そのまま自然にしておくことが大切です。そのような第三者的な目になって、しっかり観察するような心の持ち方で自分を傍観しながら、その考えが去るのを待ちましょう。無理にその考えや現れたものを頭の中から消そうとしたり、思考を止めたりしようとしないでください。やがては静かに収まってくるでしょう。マインドフルネスの呼吸は、そうした不安や、後から後から押し寄せてくるものに対して、優れた効果を発揮してくれるのです。

すなわち、マインドフルネスの呼吸は、とめどなく現れる否定的な感情や思いを自身で認識し、自らの外に手放すことを教えてくれます。マインドフルネスは、「呼吸を通して自分自身の体と心をつなぐ」とジョン・カバット・ジンは述べています。瞑想と呼吸の関係について明確な結びつきがあるということです。つまり、マインドフルネスにおける呼吸とは、自分の人生としっかり繋がるための方法なのです。

では、マインドフルネスの呼吸について、最初に5分間、練習をしてみましょう。

そして、自分の心身にどのような変化が起こるのかを見てください。自分自身で毎日10分から20分ほどの時間を見つけて実践されることをおすすめします。この練習の後に、どのような気分になったのかを書き留めてみるとよいでしょう。

●子どもにマインドフルネスを実施させる場合には、呼吸について事前に学習させておくとよいでしょう。最初は胸に手を置かせて、空気が出たり入ったりしている様子を一人一人の子どもに認識させるとよいです。そうすることで子どもたちは呼吸に集中し、自身の内側に集中することが可能となります。教師は常に一人一人の子どもが自発的な環境でこれらをスムーズに行うことができるように見守ることが大切です。

① 座るか、もしくは横に臥し、自分自身が快適と感じる姿勢になります。（このような姿勢がとれないときは立ったままでも構いません。その場合は頭をしっかりと起こして、天井からひっぱられているような感じを保ち、背中が丸くならないように立ちます。）

●子どもに指示を出して一緒に行うときは、子ども一人一人に気を配り、ゆったりとしたリラックスしている状態を作り出すことをイメージしやすいよう、教師がモデリングして見せるとよいでしょう。最初は特に言葉のみでは伝わりにくいので、教師が子どもの体の状態をしっかり確認して、正しい姿勢になるように教えていくことが重要です。難しいものではなく、簡単で楽しい気持ちになれることを子どもたち一人一人が理解できるようにすることも重要です。

座った状態でリラックス
横になってもOK！
天井からひっぱられて
いるイメージで
背中は丸めない

② 体位が決まったら、腕と手足をリラックスした姿勢を作ります。腕と手足に力が入りすぎていて、リラックスしていることがわからない場合は、一度逆に体に力を入れて力んでから、ストンと体の力を抜くようにして、その後はリラックスした状態をキープできるように頭の中でイメージを作りながら体を休ませます。

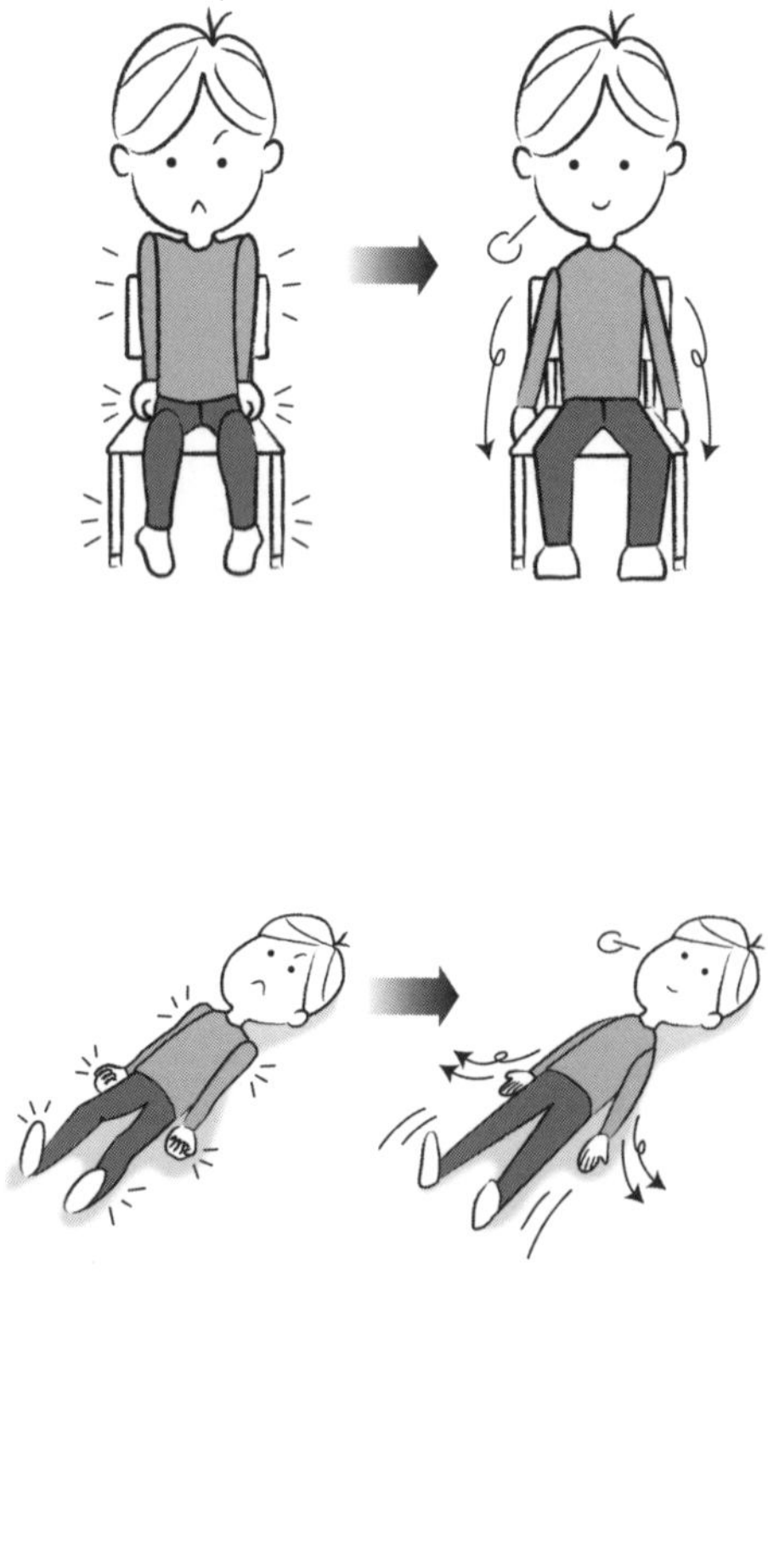

③　①②で姿勢を整えた後に、さらにリラックスさせるために、目を閉じるとよいでしょう。（もし、目を閉じるよりも開いていた方がよい人は目を半眼にするなど、視線に集中しないように、自分の内面に集中するようにします。）

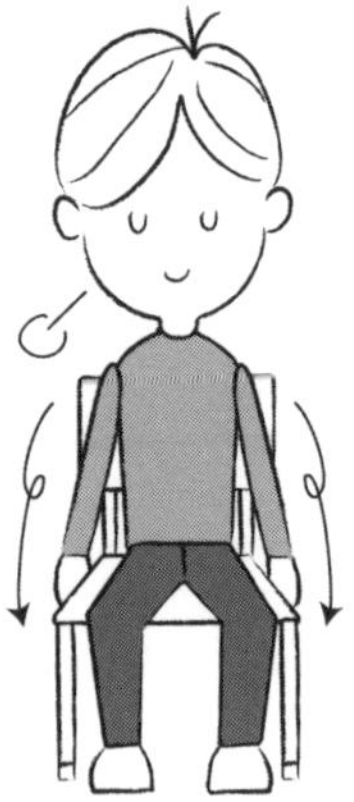

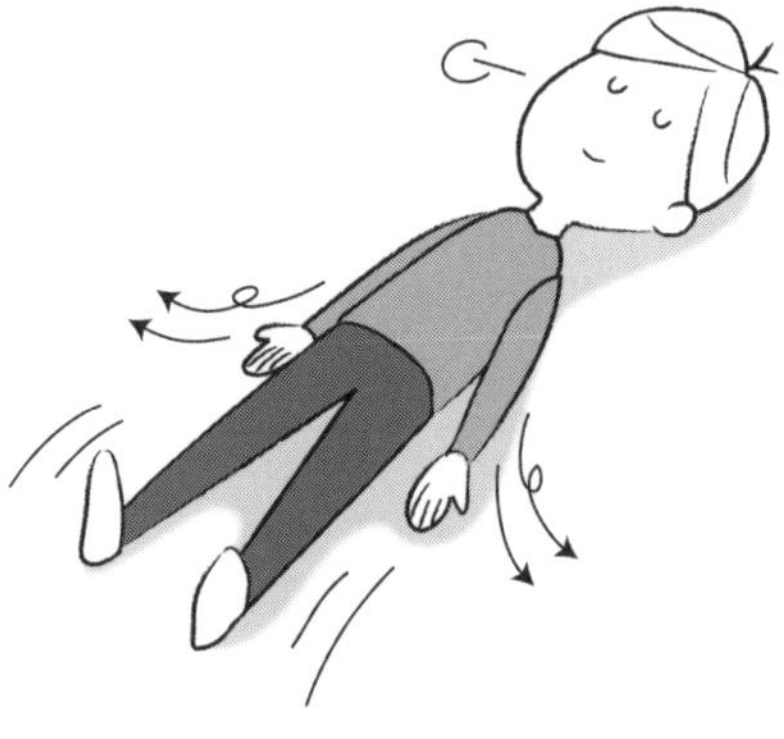

④ 自分自身でリラックスした状態を感じられないようであれば、①~③のことをゆったりとした気持ちで繰り返していきます。自分の好きなことを思い浮かべるとよいでしょう。

●子どもに伝えるときは、特に個人個人の興味・関心に合わせた言葉かけをすることで、混乱なく実施できるように対処していきましょう。子どもたちは他者の様子が気になって（自分が正しいかどうかが心配）しまうことも多く、集中しているよい環境が崩れてしまうこともあります。静かな環境が一度崩れると全体にも影響が出ますので、教師が気をつけておかなければなりません。

リラックスできない場合は，
自分の好きなこと，興味・関心のあることを
思い浮かべましょう

⑤　①〜④のことを繰り返し、準備が整いましたら、いよいよ呼吸に入っていきます。呼吸が苦しくない程度までゆっくり吸ったり吐いたりしながら、息が鼻からのどを通って体の全身へと進んでいく様子を体を感覚を通して認識します。このとき、体内の感覚と呼吸に集中してください。

●子どもと一緒に実施する際、〝息が体の中を通って全身へと進んでいく様子〟を理解してもらうのはマインドフルネスの中でも個人差が出てきそうな部分かもしれません。息が体の中を伝わっていく感じを伝えるには、最初は呼吸の速度について伝えて、呼吸の速度を通して体の中を空気が入っていく様子をしっかりととらえさせて伝え、徐々に長い息も体験させていくとよいでしょう。ふざけて大きな声を出す子もいるので、自分の呼吸にだけ集中するよう促すことがポイントです。上手・下手に関わらず、子どもは新しい発見があるとついつい自信が出て大声で人に伝えてしまうこともあります。教師は上手にできている子どもをノンバーバルコミュニケーションでほめると本人もそれをキャッチできて、そこから集中して頑張りますので、一旦は受け止めてからアクティビティに集中するよう伝えましょう。

息が体の中を
通って全身へ

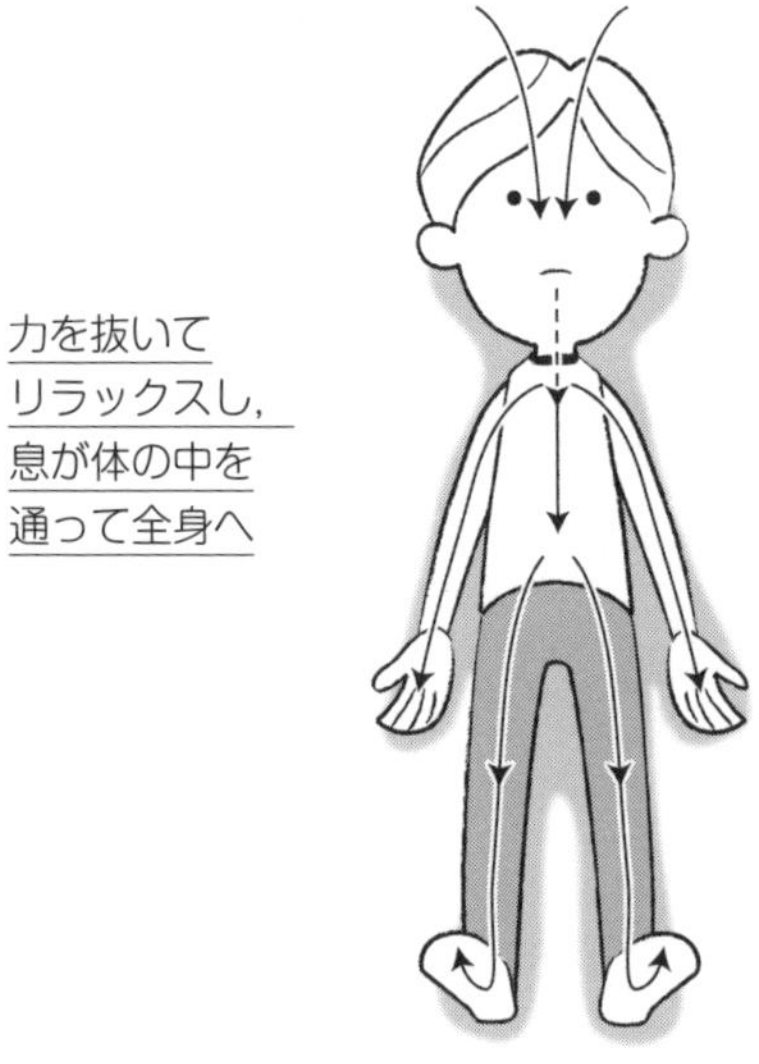
力を抜いて
リラックスし，
息が体の中を
通って全身へ

⑥　⑤の状態をしばらく続けた後、今度は少しだけ外の世界に耳を傾けてみてください。特に、聴覚にフォーカスしてみます。その後に自分自身の体に集中して、体がどのように感じているのかを自覚し、再度呼吸へと戻っていきます。呼吸をしているときの空気の通り道（体の中）、胸やお腹の上下する感覚などにも注意を払います。

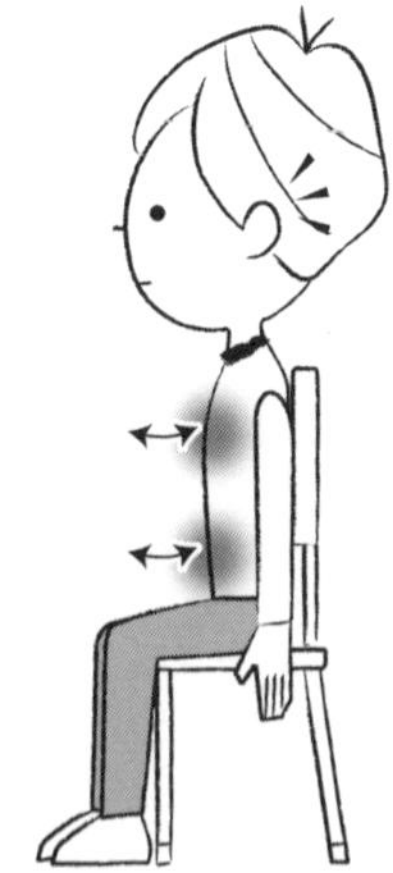

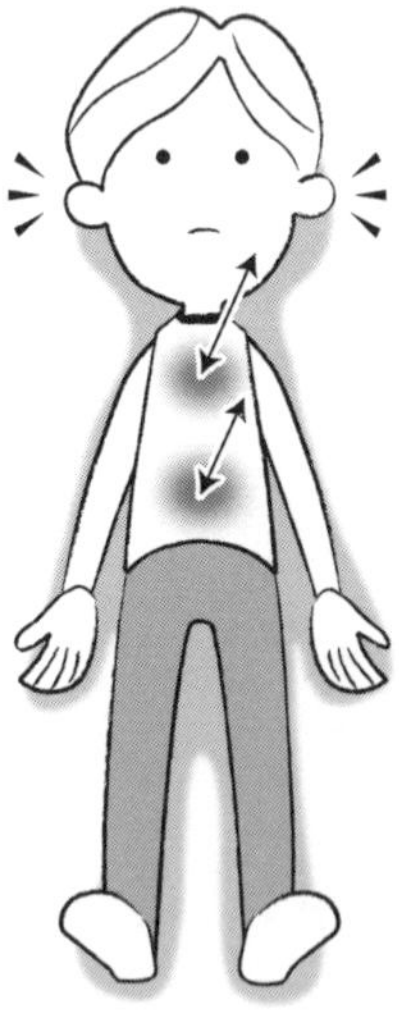

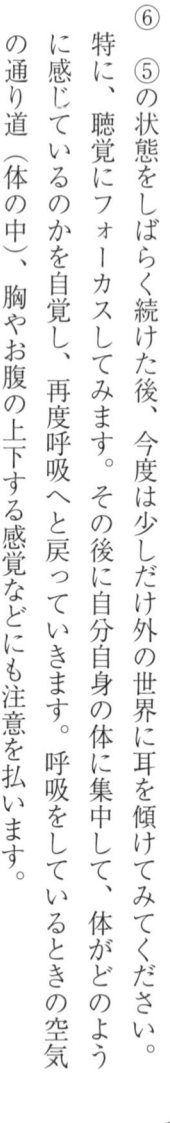

⑦ 呼吸に集中することが可能になったら、「自分が今、ここに存在している」という感覚をしっかり持ち続けながら吸ったり吐いたりを繰り返していきます。（それでも呼吸に集中できない場合は、心の中で吸ったり吐いたりする際の自分だけの暗号を作って言葉で表現してみるのもよいでしょう。）

マインドフルネスの呼吸を行うことで、自分の心はどのように変化しましたか。

・

・

・

変化した自分の心を知ったとき、どのような思いが芽生えましたか。

・

・

・

マインドフルネスの呼吸をあなたは受け入れることができたでしょうか。しっかりと呼吸に集中することができましたか。

マインドフルネスの呼吸を行う際、もしも心がさまよい始めたならば、心の状態はどのようになりましたか。

もしも、心がさまよい始めたなら、心の状態に対してどのような感覚になりましたか。そのときに表出された内容について、ここに書き留めてみましょう。

もしも、否定的な感情が沸き起こった場合、どのような感覚でしたか。しっかりと書き留めてみましょう（イライラした感覚も含めて）。

先の質問とは反対に、ポジティブな感覚や自分の想像もしなかったような経験がありましたか。ここに書き留めてみましょう。

その様子について、わかる範囲でここに詳細に記入しましょう。

何か自分で書き留めておきたい経験や感覚が他にあるようならば、ここに書いてみましょう。
（誰かに見せるわけではないのでしっかりと感じたことを記録することが大切です。）

・

・

・

ここまでマインドフルネスの呼吸についてイラストと文章でご説明しましたが、いかがでしたでしょうか。

単純で簡単そうに見えますが、実際に行ってみると、なかなか思うようにできないこともあるかもしれません。まずはできる限り毎日5分は続けるようにしてください。

この呼吸法は道具も必要ないうえ、集中して行えば身近なよいエクササイズになりえます。教師という日々多忙な仕事を行う人々の健康を支える一つのアクティビティとなるでしょう。

まずは一週間続けてみて、自分のストレスやネガティブな感覚がどのように変化していったのかを、少し書き留めることをしてみましょう。ポジティブな感情とネガティブな感情について、フォーカスして書きます。（できれば、1か月、3か月、6か月と続けていくとよいでしょう。）

一週間続けて行った際の感覚がどのように変化していったのか、記入してみましょう。

記入欄のスペースが狭いので、もしもっとストーリーや文章を詳細に書きたいと思われる方は、自分でマインドフルネスのためのノートをつくるとよいでしょう。日記調でもポエム調でも、もしくは、キーワードのみを記入していくことでも何らかの気づきがあるかもしれません。手帳に気になった言葉を書き留めていくだけでも結構です。

書き留め続けるのは手間かもしれませんが、マインドフルネスを実践するうえでは大切なことです。（筆者が欧米で実践した際も、これらについてしっかりと書き留めるように指示されました。）

ネガティブな感情の変化

1日目

2日目

3日目

4日目

5日目

6日目

7日目

ポジティブな感情の変化

1日目

2日目

3日目

4日目

5日目

6日目

7日目

なお、一度経験してみて思うようにできなかったとしても、あきらめずに再度挑戦してください。頭の中で、難しく考えていくよりも、体験することや実践を重ねていくうちに、どのようなことかが見えてくると思います。あせらずに、ゆったりとした気持ちで行ってください。

次ページには、子どもに配布する場合のワークシート例を載せています。参照いただき、活用してください。

（参考文献）
Barbara Mariposa.（2017）"The MINDFULNESS Play Book" Teach Yourself P173-202
MARK WILLIAMS and DANNY PENMAN（2011）"Mindfulness a practical guide to FINDING PEACE IN A FRANTIC WORLD" Piatkus Books P80-128

ワークシート表面

マインドフルネス

年　　組 名前

マインドフルネスの呼吸を初めて体験してどんな感覚に気づきましたか？

ワークシート裏面

マインドフルネスの気づき

年　　組 名前＿＿＿＿＿＿＿＿＿＿＿＿

	ネガティブな感情の変化	ポジティブな感情の変化
1日目		
2日目		
3日目		
4日目		
5日目		
6日目		
7日目		

ふりかえり

STEP3　ボディスキャン

ボディスキャン[1]とはマインドフルネスの特徴的なアクティビティの一つです。体を〝スキャン〟するイメージなので、〝ボディスキャン〟といいます。横になってすることが推奨されています。（眠くなってしまったり、心地よく感じられない場合は座って行ったり、立位で行う方法もあります。まずは立位なのか座位であるのか、やはり横になって行うベーシックな体位を取るのか、最初に一つ選ぶことから始めてください。）

どの体位をとる場合であっても、集中してリラックスできる環境と場所を確保することから始めてください。先程の呼吸と異なり、ボディスキャンに関しては少しばかり練習を必要とするかもしれません。

マインドフルネスのボディスキャンでは、45分間の時間を確保してこのアクティビティを行うことを推奨していますが、多忙な教師が一日にまとまった時間として45分間を確保することは休日を除き難しいかもしれません。その場合、時間を短くして実践する、もしくは体のパーツを分けて行うなど工夫をしてください。呼吸法と同じく、ボディスキャンも毎日実践することが重要だからです。

では、ボディスキャンを実際に行ってみましょう。

まず、腕を自然な状態で横におろし、足を肩幅ぐらいに開きます。

足の底は、地面や床にしっかりと接しているような状態にします。

リラックスして体に力が入らないように、ゆったりとします。

座位でも可能ですが、ここではまず、立位と横になる体位について説明をしていきます。どちらの体位が自分自身でしっくりくるのかを考えながら、どちらかを選んで体位を作ってください。そして一度しっかりと深く呼吸をして体の感覚を確かめます。

体位を決めたら、しっかりと深く呼吸（ここで言う深い呼吸は、先にご説明した呼吸法のこと）をした後に、感覚を下の方へと意識していきます。スキャナー、もしくはコピー機の、光が下から上へ、もしくは左から右へと一定の速さで動く様子を思い描いてください。それがゆっくりと足元から頭へ向かって抜けていくようなイメージです。上から下ではなく、下から上へと移動していくことが大事です。
ここでは仮に左足の方から「ボディスキャン」をしていきたいと思います。

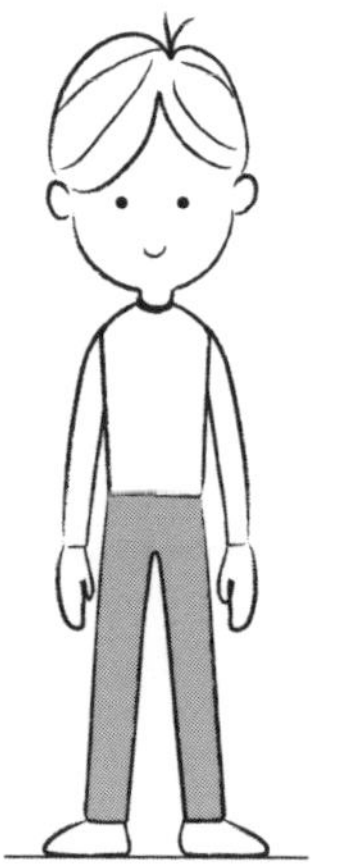

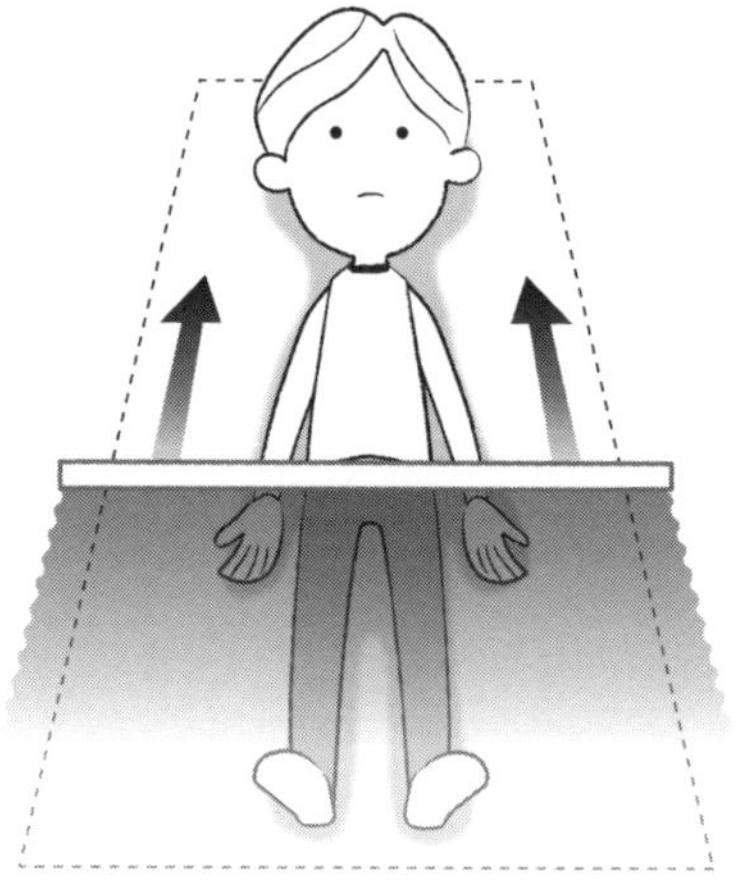

① 左足のかかとから、そしてつま先が床に触れている感覚に注意しながら、スタートします。左足のかかとから、次は足首、そして次は膝へと徐々に足の上の方へと意識を移動していきます。そのパーツごとに自分自身の肉体感覚、息遣い、思いなど、すべての感覚を通して各パーツ一つ一つに意識を持っていくようにします。

② 徐々に上の方へと意識を移動していきます。

ふくらはぎ、すね、左の腰へと意識を引き上げていき、そのパーツごとに自分自身の感覚がいったいどのようなイメー

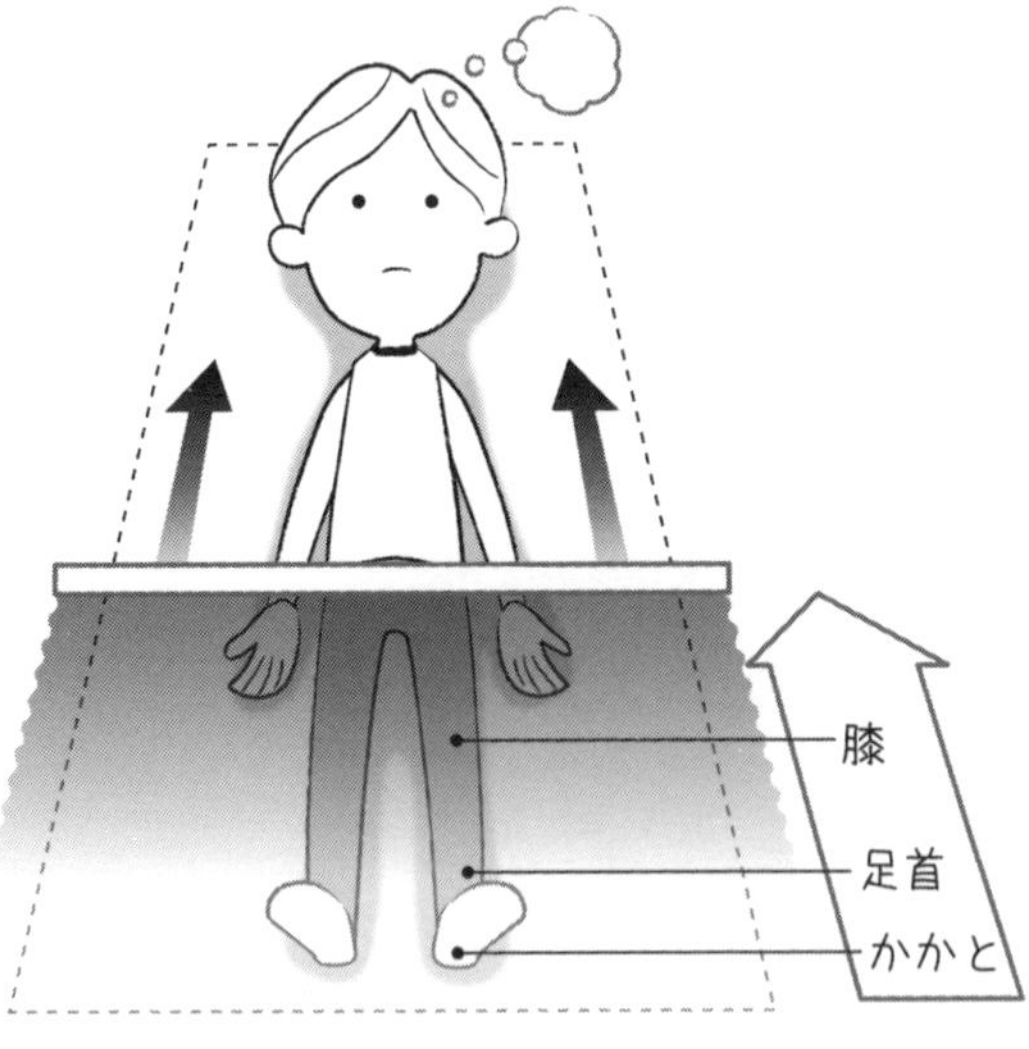

ジを表出しているのか、そして何を訴えかけているのかを、対話する形で下から上の方へと進みます。

パーツごとにゆっくりと行っていくことが最初は重要です。丁寧に進めることができれば、その時々に何を感じ、どのような感覚が沸き上がってきているのかをしっかりと自覚することができるようになります。あるパーツに意識を集中していたら、痛みや怒り、そして過去の思い出が突然思い出され、ネガティブな気分になってきたということも起こりうるかもしれませんし、その反対にうれしい感情が思い出されたら、いつの間にやらその感情にどっぷりと浸かってしまっていたということもあるかもしれません。体の感覚に意識を集中することで感じられることは、思いのほか多いものです。

③　今度は反対側の体の箇所へと意識を移動して、同じことを繰り返していきます。

ボディスキャンは呼吸と連動していくことにより、感覚が研ぎ澄まされていきます。ただ、呼吸法と違って、ボディスキャンは体得するのにコツが必要です。最初はあせることなく、じっくりと練習を繰り返してください。マインドフルネスは数学のように答えがピタッと得られるものではありません。まずはあせらず、ゆったりとした気持ちで取り組んでいくことが大切です。

左右のボディスキャンを終えてみるとおそらく、自分の利き手のような、いずれか一方が心地良かったり、またその反対であったりと、人により感じ方が異なるようです。体のパーツごとの部位から、さらに筋肉へと移動して、もっと奥にある骨盤領域へと意識を移動していくことが次のステップになります。いきなり、そこまで進めることは難しいですが、体の中のあらゆる領域をスキャンしてくことが可能になると、心身を心地よく開放していけるような心の感覚を身につけることができます。

私の経験上、ボディスキャンを行う際は、大の字になって寝ることで大きくスペースを確保し、身体、そして心のストレスのない環境を作ることが肝要です。（下が板の場合は、やわらかいマットなどを用意したり、木の硬さが好きな人はそのまま体を横たわらせたり、人の好みは十人十色ですので自分で調整してみましょう。）

体の中のあらゆる領域をスキャンする感覚、そして、それぞれの領域でどのように感じられるかを意識しながら、すべてを心地よく開放していけるような心の感覚をつかみ取りながら、感触をしっかり感じ取ってください。外からとめどもなく侵入してくるストレスの波に対する耐性を身につけるには、このボディスキャンをしっかりと体得することが有効です。

なお、体全体をボディスキャンする際に忘れてはいけないのが、指先や手など人間の体の末端、そして大切なパーツである頭や目などへのボディスキャンです。ストレスや緊張を抱えている場所は、感覚的に訴えてくるでしょう。その訴えてくるものをしっかりと受け止めることで、身体感覚を通したさまざまな痛みに気づきます。多忙な毎日を送る教師はもしかしたら慢性的な腰痛や肩こりがあるのかもしれませんし、その反対に肉体の痛みとは別に心の痛みが身体に反映しているかもしれません。

ボディスキャンが全て終わった後に、自分自身の身体感覚について再度整理するため、少し文章にしてみるとよいかもしれません。ボディスキャンを体験してみて何を感じたか、文章にならなければ単語でもよいですし、箇条書きでもよいでしょう。正直に、素直に書いてみましょう。ここに、少し例を挙げていきたいと思います。

「ボディスキャン」を実施して，心の中から沸き上がるポジティブなものはありましたか。その感覚をここに書き留めておきましょう。

「ボディスキャン」をすることで，新しい発見はありましたか。少しここにまとめてみましょう。どんなに小さなことでもかまいません。

「ボディスキャン」を実施することで，以前と比較して向上したことはありますか。どんな小さなことでもよいので，書き留めておきましょう。

「ボディスキャン」をすることで，最初のほうに感じていたことと今とでは何か変化がありますか。どのような小さなことでもよいので，ここに記入してみましょう。

「ボディスキャン」を定期的に実施した後の変化についてまとめてみましょう。どのような感覚が生まれましたか。1週間，1か月，3か月，6か月とみていきましょう。

1週間

1か月

3か月

6か月

「ボディスキャン」を実施するようになって，子どもたちとの関係に何らかの変化が生まれましたか。どのような小さなことでもよいので何か気づきがあれば記入してみましょう。

1週間

1か月

3か月

6か月

「ボディスキャン」を実施することで，自分の感情を上手く扱えるようになりましたか。もし何らかの気づきがあれば，ここに記入してください。

1週間

1か月

3か月

6か月

「ボディスキャン」を行うようになってから，人の感情について何らかの気づきが芽生えましたでしょうか。もしくは，何かハプニングが起きたときの対応など、違いがありましたか。

1週間

1か月

3か月

6か月

「ボディスキャン」を行うようになってから，同僚や周囲の人々との人間関係に変化が生まれましたか。どんな小さな気づきでもよいので書き留めておきましょう。

1週間 ____________________

1か月 ____________________

3か月 ____________________

6か月 ____________________

「ボディスキャン」を始める前の怒りや悲しみなどが強い状態で始めたとき，その後の気分はどのように変化しましたか。他者に見せるものではないので，思ったことを率直に記入してみてください。

1週間 ____________________

1か月 ____________________

3か月 ____________________

6か月 ____________________

「ボディスキャン」を始めるようになって，何か大きく変化したと感じることはありますか。率直な気持ちでここに記入してみてください。他者に見せるものではないで，思ったことを率直に記入してみてください。

1週間

1か月

3か月

6か月

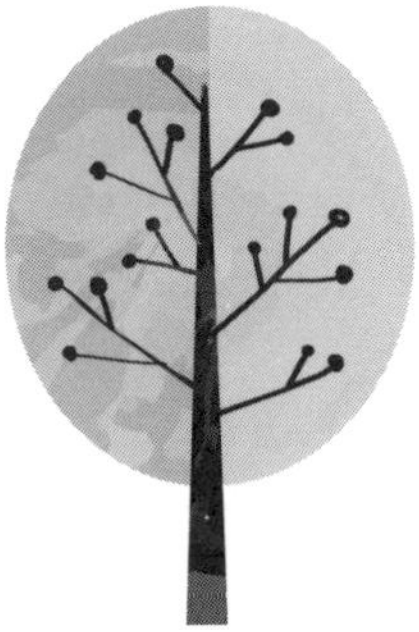

子どもの中には、ボディスキャンを抽象的で理解しづらいと感じる子もいるかもしれません。

どのようにボディスキャンをしていくのか、部屋を暗くしてサーチライトなど使用して、足元から頭の先へと移動していく様子をまずは伝えるとよいかもしれません。

子ども一人を床に寝かせ、教師がサーチライトで足元から頭へと光を移動させていくのを実際に見てもらってからボディスキャンの実践に入るとスムーズかと思います。

パーツごとに行った際、どのような感じが現れたのか、次ページのワークシート例のように、体のパーツごとに記入してもよいでしょう。

(1) MARK WILLIAMS and DANNY PENMAN（2011）"Mindfulness a practical guide to FINDING PEACE IN A FRANTIC WORLD" Piatkus Books P91-110

ボディスキャンで何を感じたのかな？

年　　組 名前

第3章

学校で使える マインドフルネスのアクティビティ

子どもとマインドフルネスとの出会わせ方

子どもが効果的にマインドフルネスを活用するには、場に合った状態で、マインドフルネスを伝える必要があります。騒がしい状態を落ち着いた気分に導くには、その時々に合うマインドフルネスのアクティビティが存在します。マインドフルネスがそれらに効果的に働いたとき、子どもたちもその有用性に気づくでしょう。しかし、決して子どもたち全員に効果があるわけではありません。教師がどのように導入するかにより、その効果の度合いも異なります。

瞑想や呼吸について、大人の感覚で抽象的に伝えたり、言語のみで説明すると退屈な感じに受け止める子どもも存在します。教師は、子どもが理解しやすいようにさまざまな角度から伝えることがとても重要になります。「マインドフルネスってつまらない……」「またやるの……」とクラスの雰囲気がマインドフルネスに対して否定的になってしまうことは避けなければなりません。したがって、導入時は、慎重に行うことが最重要と言えるでしょう。

また、それに加えて、教師のマインドフルネスに対する理解と思いも大切です。教師自身の理解力や導入に対する疑問がある場合、子どもたちはそれらを敏感にキャッチしてしまいます。教師自身が体験し、咀嚼したのであれば、ポイントとなる部分や重要なことについて子どもたちにしっかりと伝え教えることが可能となります。

なお、教師自身が初めて子どもたちにマインドフルネスを教える際には、心が忙しい状態やストレスが多いときは控えたほうがよいです。何事も最初が大切です。子どもたちは、毎日接している教師の様子をよく認識しているものです。大人が思っている以上にこちらの様子を把握して、教師である大人の心の内を観察していることを忘れないでください。

したがって、教師の体調がよくないときやストレスの多い心の状態でマインドフルネスの初回を始めてしまうのは、子どもたちにとっても教師にとってもリスクが大きすぎます。子どもは子どもの直感でさまざまなことを判断しています。大人が考える以上に敏感なのです。

また、新しいことに対して不安を感じる子どもはネガティブな感情が先に立ち、拒否反応を見せる可能性もありますから、クラスの雰囲気をよく観察したうえで、そのような子どもの不安を取り除くために事前に内容についてさりげなく伝えておいたり、簡単に実行したりしてみるのもよい方法です。

さらに、英語教育にそのエキスパートを呼んでいるように、マインドフルネスを始める場合もそのような専門家の手を借りて行うことで、安心して始められるかもしれません。

導入は、慎重に行うことがポイントとなるでしょう。

また、昨今の子どもたちは間違っていることを人前ですることを嫌います。ほんの少しの間違いがマインドフルネスを子どもたちから遠ざけてしまうので、導入は大切です。教師のほうに経験がなかったり、マインドフルネスについてただ漠然とした思いだけで始めてしまったりせず、子どもたちに興味・関心を持たせるために楽しく導入することを念頭に進めてください。

最初の実践は短めに行いましょう。10分程度から始めるのがよいかもしれません。低学年の場合は、3分から5分でもかまいません。焦らずゆっくりと伝えることに加え、視覚的な教材を用意したり、教師自身が子どもたちの前でしっかりとモデリングして見せるのも効果的です。また、子どもたちには、呼吸する際に息をカウントさせることも意味があるとされています。（ただし、呼吸に困難を抱える子ども、例えば、発作の出やすい子どもや喘息の子どもには呼吸への思いがネガティブなものとなり、途中で不快になってしまうかもしれません。この場合は呼吸ではなく、ボディスキャン時のように体の別の部分に意識を持っていかせるようにします。）

焦らず、丁寧な導入で子どもたちとマインドフルネスを出会わせましょう。

アクティビティを行う際の教師の心がまえと留意点

先にも触れたように、教師が子どもたちにマインドフルネスを教えることは、彼らがその内容をしっかりと理解するように指導することとは別に、本来の効果としての精神を落ち着け、集中力を高め、他者に対する思いやりの心、そしてストレス解消することといった目的があります。最初は大きくこの四つに絞って指導していくと、スムーズに始められるのではないかと考えます。

①場の設定

必ずしもいつもの教室がマインドフルネスの場である必要はなく、学校の校庭や校舎の裏であったり、人があまり集まらないような普段は使用しない教室を選んだりしても特別な感じを醸し出せるため効果的です。子どもたちもいつもとは違った環境で行うスペシャルなイベントとして認識し始め、特別なこととして楽しみや喜びを感じる時間になっていく可能性があります。

可能であれば、子どもたちがいつでもマインドフルネスに接することができるような環境を教室内に作っておくのもよい方法であると考えます。その場合、マインドフルネスという名称を出す必要はなく、ゲーム感覚で活動ができるように、子どもたちの身近な活動として環境を整えておくのも重要なことかと考えます。

②アクティビティの順番

じっとしていることが難しい子どもにとっては、教師が瞑想について説明することそのものが最初のステップとして少し骨が折れることかもしれません。大人であってもじっとしていることを難しく感じる人もいるように、子どもにとって瞑想中にじっと座っていることは苦痛であることも多いようです。クラスでマインドフルネスを実践する場合は、子どもたちがソワソワし始めて全体の雰囲気がマインドフルネスどころではなくなるかもしれません。したがって、座ってする瞑想から入るのではなく、立って行う瞑想やその他のアクティビティを上手に活用しながら、導入をスムーズに行うことが教師の大切な役割となります。

③時間設定

子どもたちの達成感や喜びが教師の想像以上に大きく、マインドフルネスの時間をさらに延ばしてほしいと要求されても、最初はその要求を受け入れないでください。最初から多くの時間を費やすのはあまり推奨できません。一度にたくさんの項目を行うのではなく、子どもたちがマインドフルネスについて一つずつ理解できるように、大人である教師が咀嚼しながら丁寧に伝えていくことが重要です。

④言葉の伝え方

例えば、ボディスキャンは大人が言葉で説明しても、子どもは理解することが難しいでしょう。子どもにこの動作を感覚的に理解させるには、子どもと教師が一つ一つの動作を一緒に行っていくのが有効です。例えば、子どもたちを長座の体勢で座らせて、太ももの上に手のひらをピッタリとくっつけさせます。そして、次に洋服の上からゆっくり・しっかりと心地よい方向に擦ってもらいます。(このとき、〝心地よい〟という言葉は抽象的かもしれませんので、教師が子どもたちの前でどのように擦るかをやってみせるとよいでしょう。) 子どもたちには洋服の布地の感覚を感じてもらい、その感想をそれぞれ聞いていきます。続いて反対方向や左右を変えて同じように尋ねてみます。このようにして、感覚というものはどのようなものなのかを体感させ、徐々に体という感覚の気づきに敏感になるようにさせていきます。

呼吸や瞑想についても、この言葉をすぐに伝えて説明するのではなく、子どもたちが覚えやすい親しみのある名前に変えてゲーム感覚で説明していくのもよいでしょう。

子どもたちと一緒に行うアクティビティ

子どもたちと一緒に行うアクティビティでは、教師が子どもに「今からマインドフルネスをしますよ。目を閉じてください」と声掛けをして始める必要はありません。子どもたちをリラックスさせ集中力を高めたり、落ち着かせたりすることがマインドフルネスの第一の目的ですので、子どもたちにとって難解なことを説明する必要はないのです。

しかし、教師が子どもと行うマインドフルネスをどのように展開させるのかを理解しておく必要はあります。室内で行うもの、屋外で行うもの、それらはＴＰＯに合わせて変化をもたせる必要があるかもしれません。

次々ページから、マインドフルネスのアクティビティを少しだけ紹介していきます。自分自身の心と体をスムーズにコントロールしたいという気持ちは、子どもも、指導者である教師も同じです。

先生も共に実施することで、子どもたち一人一人の変化を感じ取りながら意欲を高めてください。マインドフルネスを一緒に体感し、子どもたちをとらえるためのよいきっかけとなることを願っています。

ACTIVITY 1　全集中！聞いてみよう

●目的

心身のリラックスと脳の活性化のため、ワクワクする気持ちや感覚を自然を通して味わうことが目的です。

●場所

教室とは異なる場所、可能なら自然が豊かな屋外で、人々の行き来のない空間を選びます。例えば、運動場を選んだ場合、普段子どもが運動をするときに使用するエリアではなく、校庭のすみの方のあまり人が立ち入らない場所、子どもが探検するような小さな森のように木々が茂った場所も適したよい場所の候補となります。

●手順

① エリアを選んだら、子どもたちを誘導します。（教師はどうしても言葉で多く説明してしまいがちですが、子どもたちにいろいろ聞かれても多くを語らず、まずは子どもた

ちにワクワクする気持ちを持たせながら移動させましょう。）それぞれの子どもに好きな場所を選ばせて、目を閉じて座るように指示を出します。その際は猫背にならないように頭は点からつりさげられているかのように、しかし体の力を抜き、だんだんとリラックスするように伝えます。数字をゆっくりと数えさせるのもよいでしょう。（子どもたちの話し声がないような環境を作ります。）

② ①が一通りできていると教師が確認した後に、ゆっくりと呼吸するように、あたたかくゆったりとした声で子どもたちに声をかけます。

③ 目を閉じて自分の周囲から聞こえてくる音にだけ耳を傾けるように指示します。変化のある音が聞こえても決しておしゃべりしないように、教員は静かな環境を作ることに注力します。学年にもよりますが、5～10分間そのような集中した時間を作り、外界の音のみに集中させます。

④ 次は息をゆっくりと吸って吐くように指示を出し

ます。もし笑い出す子どもがいたら、静かな集中した環境が保てなくなるので大声で注意するのではなく、その子のそばまで行き、体をそっと触るなどして静かさを保つように理解させます。一人が大声を出したりして全体の雰囲気が壊れてしまうとアクティビティの意味がなくなってしまうからです。

⑤ 終了後に教室に帰って、耳を澄ませたときに聞こえた音や、感じたことなどを簡単に書いてもらうとよいでしょう。雰囲気を大切にしたいと考えるならば、教員が人数分の小さな紙と鉛筆を用意しておき、その場で簡単に書かせられればベストかもしれません。

教師と生徒という普段の慣れ親しんだ環境の中でアクティビティを行うのではなく、教室とは異なる環境にて子どもの心を開放し、個々の子どもたちが自然から様々なことを感じとれるような環境と雰囲気をしっかりと用意してあげることがまず第一のポイントとなります。集中できない子が一人いるだけで全体の雰囲気はソワソワとして自然の持つさわやかな環境を感じ取ることができなくなってしまうため、教師は神経を使う必要があるでしょう。

目を閉じて感じたことやここで聞こえた音についてなんでも書いてみましょう。

文字でも絵でもいいですよ！

年　組　名前

先生のコメント

ACTIVITY 2

1、2、3で○○になろう

●目的

子どもたちが感性豊かに日々のストレスから心身共に解放される・リラックスできる瞬間を教師とともに味わってもらうのが目的です。なりきることで集中させます。

●場所

普段勉強する場所ではない空間がよいでしょう。広々としていて、ゆったりとリラックスができる場所を事前に確保してください。他の人々がアクティビティの最中に周囲をさえぎらないことが大切です。なるべく日常的な空間ではなく、ひっそりとしたゆったりできる場所がよいです。

●手順

① 教師が探した場所へ子どもたちを誘った後、まずは今までの活動と今からのアクティビティとを切り離すために、子どもたちをリラックスさせます。その際、移動する間に、

ワクワクしすぎてさわいでいる子もいるかもしれません。そのような子どもたちを静かにリラックスさせるため、円になるよう座らせて、目を閉じさせます。

② リラックスさせるため、子どもたちに聞こえる声の大きさで数を数えていきます。1、2、3とゆっくり数を数えた後、子どもたちが落ち着いた様子が見られたら、次に子どもたちにもゆっくりゆっくりと呼吸をするように促します。全員の気持ちが落ち着くまで指導者は環境を整えることに集中します。

③ ②の状態が整えられたら、子どもたちには目を閉じたまま自分が好きな動物になったことをイメージさせます。声には出さないように子どもたちに伝えながら、好きな動物をイメージさせて両手や体を使って模倣させます。そのとき、周囲の子どもを見たり声を出したりしないようにすることが大切です。その動物になった気持ちでゆっくりと呼吸させましょう。ここでの注意は、特に目を開けて隣の子どもをからかった

りさわがしくしたりしないように、指導者はやさしくゆったりとした口調で子どもたちを落ち着かせることです。（一人でも落ち着きのない子どもが出てくるとその雰囲気がこわれてしまうので、その子だけ少し円から距離をとるのもいいかもしれません。）

教師も一緒にエクササイズを楽しめるような環境作りができると、次の回へと継続が可能になると思います。新しいことへの不安のある子には、事前に教師と共にこのアクティビティを実施しておくとよいでしょう。「○○になろう」の部分を教師が先に何になるのかを決めてから始めるのもよいです（子どもの発達段階に合わせて考えてみてください）が、全く自由にするのも応用編として考えられます。

○○になってみよう

年　　組 名前＿＿＿＿＿＿＿＿＿＿＿＿

○○になってみた気分はどうでしたか？
楽しかったこと，むずかしかったこと，なんでも思ったことを書いてみましょう。絵や文字を使って書いてみましょう。

先生のコメント

ACTIVITY 3

ゾウの歩き方・ねずみの歩き方

●目的

子どもたちに足の感覚に注意させることにより、集中させるのが目的です。

●場所

教室ではなく広々とした空気のきれいな場所がよいでしょう。

●手順

① ゾウとねずみという大小全く異なる動物についてなりきって考えさせます。足、つま先の動かし方、歩くときにどのように足を踏み出しているのかを子どもたちに考えさせながら、それぞれの子どもが体全体を使用してゾウになったり、ねずみになったりしながら歩くように指示を出してください。（ここではゾウとねずみの2パターンを一緒に説明してしまっていますが、最初にゾウの歩き方ができるようになってから、次にねずみの歩き方を実施するのもよいでしょう。）

② ①の後、（子どもたちを注意深く見守りながら）自発的にアクションをさせるのもよいですが、初めてのことで迷いが見られたりじっと動けなくなる子どももいると思いますので、教師がモデリングでその様子を先に彼らの前で行うのがよいでしょう。最初はつま先とかかとの使い方にポイントをおいて歩いてみせて、その後、足のゆび一本一本にも注意を向けて集中できるようにと指示をして、徐々に足全体の感覚に注意を向けさせることが重要です。

③ 足が地面に触れているとき、そして足が地面から離れる瞬間を感覚として実感させることも重要です。それにより、心身のやすらぎやリラックスが得られることでしょう。何よりもゾウやねずみになることに集中させられるかどうかがこのアクティビティの大切な部分です。

ゾウの歩き方を行った後にねずみの歩き方へと進める場合、一つずつ実施して活動がスムーズになった後に、二つを一緒に実施するとよいでしょう。その際は、教師が「はい、ゾウの歩き方からねずみの歩き方に変えましょう」などと大声で指示をするのではなく、鈴などの音の出るものを用意しておいてその切り替えを行うことができると、子どもたちも集中したままアクティビティを進めることが可能となります。

普段使わないものでさわやかな音の出るものを用意しておくことと、時間があればフィードバックできる次ページのようなシートを用意できるとよいでしょう。

ゾウとねずみ

年　　組 名前 ＿＿＿＿＿＿＿＿＿＿

思ったこと・感じたことを絵や言葉で書いてみましょう。

ACTIVITY 4　四季を感じてみよう

●**目的**

四季を通して、子どもたちの心身の発達を意識しながら、感性を豊かに春夏秋冬の特徴をそれぞれとらえ、体で表現しながら四季を感じさせます。大きな木が大地から水や栄養を吸収するように子どもたちにも新鮮な空気を吸ってもらうことで、体のバランスを保ち意識と呼吸を整えさせます。

●**場所**

新鮮な空気を吸うことができる屋外などが望ましいです。室内の場合は、日常的に使用する教室ではなく、あまり普段は使用しない場所がよいでしょう。

●**手順**

① 子どもたちを活動場所に移動させたら、すぐに大の字になって呼吸を整えさせます。ボディスキャンをしてもよいでしょう。

② 子どもが一通りリラックスしたら、子どもに理解させやすい例として四季を表現するのに木をイメージしてもらいます。皆に自分が大きな木になったときのことをまずは想像させます。ある子は手を大きく広げ体を伸ばして自分の背よりも大きく見せたいと思うでしょうし、ある子はまた異なったジェスチャーをすることでしょう。場所を大きくとり、それぞれ思うがままに自分が木になったことをイメージさせてジェスチャーをさせます。

③ 次に四季に合わせて、春・夏・秋・冬とその季節ごとの木のイメージを子どもたちにジェスチャーさせるとよいでしょう。

次のページにあるようなシートをフィードバック用として実践後に用意するとよいでしょう。

四季を感じてみよう

年　　組　名前

感じたことを書いてみましょう。

春の木

夏の木

秋の木

冬の木

ここまで、瞑想・呼吸・ボディスキャンを含んだ、アクティビティを紹介してきました。アクティビティをするのが楽しく、ストレスやクヨクヨ、重い気分から自分を開放できるんだと子どもたちが実感するように教師が指導していくのが大切です。

「あっ、これをすると、なんだかさっきまでのイライラやモヤモヤがどこかへ去った」と子どもたちが自身で理解できるように指導することがポイントです。できない子どもを叱ったり、ふざけている子どもに怒鳴ったりといった、子どもたちに負担になるような指導にならないよう気をつけます。教師もそして子どもたちも、共にリラックスできる時間となるよう、実践後は誰もがさわやかな気持ちとなるような環境作りが大切です。

（参考文献）
Christian Bergstrom (2019)Ultimate Mindfulness Activity Book: 150 Playful Mindfulness Activities for Kids and Teens (and Grown-Ups too!)

COLUMN

保護者への対応　家庭で子どもと一緒にマインドフルネスを実践したいなら

学校で子どもがマインドフルネスを習っていることを知って親が興味を示し、家庭でも実施してみたいと思う場合があります。あるいは、子どもが学校でマインドフルネスを体験し、他の子どもたちが上手にできているように見えて自分だけが上手にできていないと感じたために親と一緒に練習したいと言い出すかもしれません。

抽象的なことも要素に入っていて、言葉のみでは説明が難しい場合は、マインドフルネスの研修会を開催してはどうでしょう。その場合は、興味を示した子どもの親のみではなく、クラス全員の子どもの保護者宛にお知らせするのが効果的です。

マインドフルネスの中でも特に深い呼吸と心を落ち着けて行う瞑想は、親子で行うとより効果が高く、保護者にとってもよい影響があることを、研修を開いた際にはよくお伝えください。子どもにだけ効果のあるものではなく、親も子も同時にリフレッシュができ、ストレス解消に繋がることを認識してほしいのです。子どもの脳が休憩を取るように、大人の脳もまた、その活動中は同じように休憩をとることができるからです。

また、保護者は子どもに多くのことを一度に伝えたがる傾向にありますが、このマインドフルネスの場合は、ステップを踏んで徐々に一つずつ理解しながら進めていくようによく伝えておく必要があります。さらに、子どもが保護者のイメージしたように動作や行動ができなかったとしても、くれぐれも大声で叱ったり怒鳴ったりしないよう、最初に伝えることを忘れないようにしてください。保護者は、「〇〇君や△△ちゃんが簡単にできたのに、あなたはなぜできないの」と、とかく他人と比較しがちです。他者との比較も、やめてもらいましょう。

子どもが保護者と一緒にマインドフルネスを行うことは、たいへん

意義深くよいことです。保護者がマインドフルネスを理解することで、子どもの学びもより深くなり、家庭内でのちょっとした隙間時間にも保護者が子どもに指示することで実行できるからです。短い時間で集中できること、保護者も隙間時間で実践することができるので、容易に導入できることがメリットです。

私自身、マインドフルネスを子どもの頃に身につけることができていたら、どんなにストレス耐性が強くなり、仕事や日常生活をスムーズに進めることができただろうかと考えることがあります。それくらい効果的であるマインドフルネスですから、間違った方法や子どもへの即効性を求めて急ぐのではなく、じっくりと保護者の愛を持って一緒に実践されますようにと伝えることがポイントです。

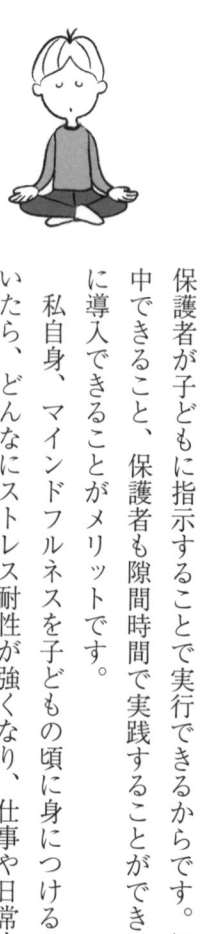

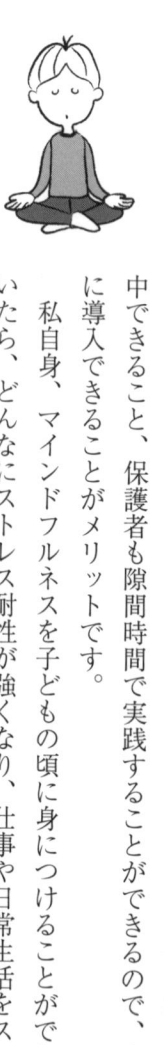

おわりに

マインドフルネスを知ったとて、先生方の抱えておられる仕事の量が決して変わるわけではありません。私がイギリスでマインドフルネスを学んだ際は、アジア人はほとんど見かけず、アメリカでは日本人は私一人のみでした。しかし、このマインドフルネスを生活の中に取り入れることにより、おだやかさが得られ、一日の仕事の流れやペースによい影響を与えることは可能であると考えます。

マインドフルネスは、まだ本邦においては認知度が低いのが現状です。しかし、ここ数年の間にさまざまな邦書を見かけるようになって参りました。コロナ禍での先の見えない時代だからこそ、ご多忙な教職員の方々の心に少しでも余裕が生まれますよう、本書ではできるだけシンプルな形で提示させていただき、先生方により深く知っていただき、教育現場にてぜひ取り入れていただきたいと願っています。

明治図書出版の林知里さんには、柔軟かつ大変なご尽力をいただきましたこと、ここに厚く御礼申し上げます。拙文ではありますが、長い年月をかけてこの拙著が完成できました。

日々忙殺されている現場の先生方の心身の健康が、マインドフルネスを知ることにより少しでも改善し、なんらかの喜びや気づきに繋がりますよう祈るばかりです。

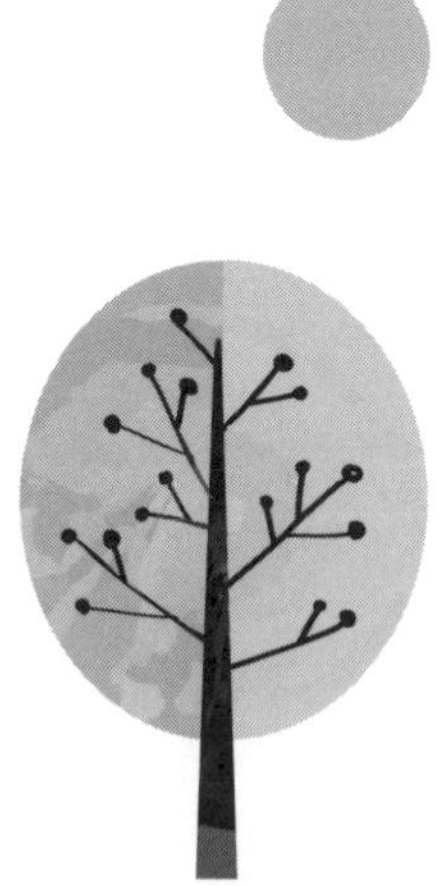

【著者紹介】

今井　真理（いまい　まり）

四天王寺大学教授。

東北大学大学院医学系研究科・医科学専攻博士課程単位取得満期退学，立命館大学大学院先端総合学術研究科先端総合学術専攻博士課程修了，博士（学術）。

愛知教育大学大学院教育学研究科芸術教育専修修了，修士（教育学）。

Oxford Mindfulness Centre にてマインドフルネスを Mark Williams，Willem Kuyken より学ぶ。専門は美術教育，アートセラピー，脳科学など。

〔本文イラスト〕木村美穂

教師のためのマインドフルネス入門
—ストレスをコントロールする力の鍛え方—

2021年12月初版第1刷刊 ©著　者　今　井　真　理
発行者　藤　原　光　政
発行所　明治図書出版株式会社
http://www.meijitosho.co.jp
（企画）林　知里（校正）芦川日和
〒114-0023　東京都北区滝野川7-46-1
振替00160-5-151318　電話03(5907)6703
ご注文窓口　電話03(5907)6668

＊検印省略　組版所　株　式　会　社　カ　シ　ヨ

ISBN978-4-18-301724-6

もれなくクーポンがもらえる！読者アンケートはこちらから →